文通天下

突 破 认 知 的 边 界

点透成功

小句子里的大道理

柳 白 ◎ 主编

光明日报出版社

图书在版编目（CIP）数据

点透成功：小句子里的大道理 / 柳白主编 . -- 北
京：光明日报出版社，2024.2
ISBN 978-7-5194-7820-9

Ⅰ . ①点… Ⅱ . ①柳… Ⅲ . ①箴言—汇编—世界
Ⅳ . ① H033.3

中国国家版本馆 CIP 数据核字 (2024) 第 050176 号

点透成功：小句子里的大道理
DIAN TOU CHENGGONG: XIAO JUZI LI DE DA DAOLI

主　　编：柳　白

责任编辑：徐　蔚　　　　　　　　责任校对：孙　展
特约编辑：刘丽娜　　　　　　　　责任印制：曹　净
封面设计：万　聪

出版发行：光明日报出版社
地　　址：北京市西城区永安路 106 号，100050
电　　话：010-63169890（咨询），010-63131930（邮购）
传　　真：010-63131930
网　　址：http://book.gmw.cn
E - mail：gmrbcbs@gmw.cn
法律顾问：北京市兰台律师事务所龚柳方律师
印　　刷：河北文扬印刷有限公司
装　　订：河北文扬印刷有限公司
本书如有破损、缺页、装订错误，请与本社联系调换，电话：010-63131930
开　　本：170mm×240mm　　　　　　印　张：17.5
字　　数：276 千字
版　　次：2024 年 2 月第 1 版
印　　次：2024 年 2 月第 1 次印刷
书　　号：ISBN 978-7-5194-7820-9
定　　价：56.00 元

目录

人性篇

无须为人性
感到意外

欲望　002

名声　006

地位　010

金钱　014

贪婪　020

弱点　024

虚荣　030

人性　034

处世篇

可以不圆滑，
但要知世故

为人　042

世态　046

处世　051

道德　056

社会　060

行为　065

品格　069

自我　073

商业篇

财富永远流向匹配它的人

事业	080
创业	085
管理	090
组织	095
合作	099
领导力	103
市场	108
财富	113

智谋篇

智慧比聪明重要

聪明	120
智慧	125
谋划	130
战略	134
民心	138
安危	142
敌人	148
机会	154

人际篇

没有人是一座孤岛

口才	162
奉承	168
幽默	172
交往	178
利益	184
礼节	188
沟通	193
脾气	197

行动篇

行动，行动，唯有行动

目标	202
决策	206
执行	211
工作	216
识人	220
用人	225
经验	228
力量	233

品行篇

人品是最好的运气

品味	238
改变	243
创新	248
学习	252
能力	256
才能	261
创造力	265
幸运	269

人性篇

无须为人性
感到意外

欲望

只有无赖才不择手段地获取成功，因此他们总是成功。 ——夏尔·波德莱尔

迷信、崇拜和虚伪都有丰厚的薪金，而真理却一直在乞讨。 ——马丁·路德·金

人欲望愈加强烈、愈是贪求自我欲望的实现，其所遭受的苦恼和焦虑愈多。 ——叔本华

人们通常都是做得不如想得多，人们只能这样生活。 ——艾里亚斯·卡内蒂

如果你的欲求无穷尽，那么你的心事和担忧也会无穷尽。 ——托·富勒

瞄得太高如同瞄得太低一样，都会射不中目标。 ——托·富勒

自我控制是最强者的本能。 ——萧伯纳

填不满的是欲海，攻不破的是愁城。 ——乔治·桑

追求功名几乎是崇尚优秀的代名词。 ——赫兹里特

为谋权力而失去自由，或为谋求控制他人的权力 ——培根
而失去控制自己的能力，这是一种奇怪的欲望。

世上四分之三的要求都是不切实际的，是建筑在 ——罗斯金
幻想、唯心、希望和感情的基础上的。

不要再做被各种私欲所牵扯的傀儡。 ——马可·奥勒留

你可知道，人类总是高估自己所没有的东西的 ——萧伯纳
价值。

人一旦成为欲念的奴隶，就永远也解脱不了了。 ——察·高吉迪

欲求是一个不断成长的巨人，"现状"的外套对 ——爱默生
他永远也不够大。

情欲犹如炭火，必须使它冷却，否则，那烈火会 ——莎士比亚
把心儿烧焦。

恩赐的东西是不牢靠的，凡是恩赐的东西，它都 ——大仲马
可能随时被恩赐者收回。

权力欲是一种最臭名昭著的欲望。 ——塔西佗

女人激起我们成就大事业的欲望，却阻止我们去付诸实现。 ——王尔德

人入歧途的速度比江河入海的速度还快。 ——伏尔泰

善与恶是同一块钱币的正反两面。 ——罗曼·罗兰

金钱和时间是人生两种最沉重的负担，最不快乐的就是那些拥有这两种东西太多，多得不知怎样使用的人。 ——约翰生

假如人能够遏制住自己的种种欲望，过着无求的生活；那么，他才算主宰了自己的生活，掌握了自己的命运。 ——尤素福·西巴伊

人们受自己的忠心和抱负的贿赂比受金钱的贿赂更多。 ——杰克逊

贪图享乐的人，必将在享乐中堕落。 ——马洛

在感情上，当你想征服对方的时候，实际上已经在一定程度上被对方征服了。首先是对方对你的吸引，其次才是你征服对方的欲望。 ——柏拉图

只要一个人还有所追求，他就没有老。直到后悔取代了梦想，他才算老。 ——巴里穆尔

我们赤身裸体地来到世界，也将赤身裸体地归去。 ——伊索

任意浪费必然导致令人苦恼的匮乏。 ——托·富勒

一个人从来不是被他人所打败的，而打败他的恰恰是他自己。 ——乔治·韦尔曼

最有把握的希望，往往结果终于失望；最少希望的事情，反而出人意外地成功。 ——莎士比亚

克制自己欲望的这一套功夫，要从小时候开始锻炼。 ——梁实秋

我们要承认，利之所在，可以使人忘形，谦让不是一件容易的事。 ——梁实秋

宇宙以其不息的欲望将一个歌舞炼为永恒。这欲望有怎样一个人间的姓名，大可忽略不计。 ——史铁生

不是人有欲望，而是人即欲望。这欲望就是能量，是能量就是运动，是运动就走去前面或者未来。 ——史铁生

欲望使我们勇敢，欲望也使我们迷失。 ——毕淑敏

名声

尘世的称颂只是一阵风，一时吹到东，一时吹到西，改变了方向，改变了名字。 ——但丁

要相信高贵的品质，而不要相信誓言。 ——梭伦

荣誉像萤火虫，远看闪闪发光，近看不热又不亮。 ——韦伯斯特

荣誉就像玩具，只能玩玩而已，绝不能永远守住它；否则就一事无成。 ——居里夫人

获得名声的艺术家，常受名声之苦，这就造成他们的处女作往往是最高峰的结果。 ——贝多芬

在你有权力有名望的时候，卑鄙的人是不敢抬起嫉妒的眼睛看你一眼；然而到了你一落千丈的时候，显示最大的毒辣的就是他们。 ——克雷洛夫

名望有时就像是一种蘑菇，恰如普林尼所描述 ——托·富勒
的，它是自然界最伟大的奇迹，因为它没有根居
然还能生长。

遇到的困难越多，得到的荣誉也越大。 ——西塞罗

期望得到赞许和尊重，它根深蒂固地存在于人的 ——爱因斯坦
本性中，要是没有这种精神刺激，人类合作就完
全不可能。

依靠别人的名声生活是可悲的。 ——尤维纳利斯

当你做成功一件事，千万不要等待着享受荣誉， ——巴斯德
应该再做那些需要的事。

最大的困难是：第一，获得荣誉；第二，活着的 ——海顿
时候维持它；第三，死后还能保持它。

对名誉的欲望，是一切伟大心灵的本能。 ——埃德蒙·伯克

知识可以给你重量，而成就则会给你添上光泽。 ——切斯特菲尔德
大多数人只看得见光泽而掂不出重量。

我不需要什么名誉来捞取什么，名誉不过是葬礼 ——莎士比亚
的点缀而已。

少量的邪恶足以勾销全部高贵的品质，害得人声 ——莎士比亚
名狼藉。

人世间的煊赫光荣，往往产生在罪恶之中，为了
身外的浮名，牺牲自己的良心。　　　——莎士比亚

光荣如同水面上的水花一样，从一个小圆圈，不
停地扩大，直到无可再大，归于消灭。　　——莎士比亚

那些已经过去的功绩一转眼间就会在人们的记忆
里消失，只有继续不断地前进，才可以使美好的
名声永垂不朽。　　　　　　　　　　——莎士比亚

认识了生活的全部意义的人，才不会随便死去，
哪怕只有一点机会，就不会放弃生活。　　——海涅

太重视名誉，正是一般人最常犯的错误。　——叔本华

财富就像海水，饮得越多，渴得越厉害。名望实
际上也是如此。　　　　　　　　　　　——叔本华

我们在荣誉中崛起，在骄傲中沉沦。　——爱德华·杨格

我们如此自以为是，居然希望自己的声名传遍全
世界，甚至让那些在我们死后才来到世间的人们
也知道。我们又如此虚荣，身边三五个人的好评
就能给我们带来愉快和满足。　　　　　——帕斯卡尔

每一个人都嘲笑陈旧的时尚，却虔诚地追求新的
时尚。　　　　　　　　　　　　　　　　——梭罗

社会上崇敬名人，于是以为名人的话就是名言，却忘记了他之所以得名是因为那一种学问或事业。 ——鲁迅

一切虚名都是经不起时间考验的。 ——姚雪垠

名人以名而荣，名人也以名而毁。 ——贾平凹

名次和荣誉，就像天上的云，不能躺进去，躺进去就跌下来了。名次和荣誉其实是道美丽的风景，只能欣赏。 ——俞敏洪

吁嗟身后名，于我若浮烟。 ——陶潜

千秋万岁名，寂寞身后事。 ——杜甫

浮名浮利过于酒，醉得人心死不醒。 ——杜光庭

名利最为浮世重，古今能有几人抛? ——廖匡图

十年窗下无人问，一举成名天下知。 ——刘祁

人生富贵驹过隙，唯有荣名寿金石。 ——顾炎武

地位

每一个要在社会得到地位的人，一定要经历巨大的
困难与努力的时期，成功是一点一滴地积累起来的。

——梵高

平民靠劳动糊口，贵人以地位为命。

——席勒

人能爬到至高的顶点，却不能长久住在那里。

——萧伯纳

站在山顶和站在山脚的两个人，虽然地位不同，
但在对方眼里，同样地渺小。

——彼德

对地位和特权的喜爱陪伴我们走完人生之路，从
摇篮到坟墓。

——堂恩

贪财，权欲和虚荣心，弄得人痛苦不堪，这是大
众意识的"三根台柱"，无论何时何地，它们都
支撑着毫不动摇的庸人世界。

——艾特玛托夫

荣耀地位会改变习性。　　　　　　　　　　　——普卢塔克

战胜地位比你高的人是不明智或致命的。　　　——格拉西安

居于高位的人成为三种仆人：国家的仆人，名声　——培根
的仆人，公务的仆人。

如果你被置于某种地位的时间足够长久，你的行　——兰德尔·贾雷尔
为就会开始适应那种地位的要求。

一个人要能够在自己的地位发生变化的时候，毅　——卢梭
然抛弃那种地位，不顾命运的摆布而立身做人，
才说得上是幸福的。

从最高地位上跌下来，那变化是可悲的，但命运　——莎士比亚
的转机却能使穷困的人欢笑。

虽然我们总是叹息生命的短促，但我们却在每个　——爱迪生
阶段都盼望它的终结。儿童时期盼望成年，成年
盼望成家，之后又想发财，继之又希望获得名誉
地位，最后又想归隐。

没有财富，地位和勇敢连海草都不如。　　　　　——贺拉斯

如果你拥有某种权力，那不算什么；如果你拥有　——卡耐基
一颗富于同情的心，那你就会获得许多权力所无
法获得的人心。

尽管地位显赫的人们乐于受人奉承，但我们在与
他们交往时更是受宠若惊。

——沃维纳格

有些思想自己会发光，而另一些思想的光泽则应
归功于它们所处的地位，它们一旦被移到别处，
就会黯然失色。

——约瑟夫·儒贝尔

高的地位，使伟人越来越伟大，小人物越来越
渺小。

——拉布吕耶尔

我愿意爬上去，但害怕摔下来。

——托·富勒

诱惑你的是地位和名声，迷惑你的是主权。

——乔伊斯

人类的常情教训我们，一个人在位的时候，是为
众人所钦佩的；等到他一旦去位，大家就对他
失去了信仰。受尽冷眼的失势英雄，身败名裂以
后，也会受到世人的爱慕。

——莎士比亚

高居于为众人所仰望的地位而毫无作为，正像眼
眶里没有眼珠，只留下两个怪可怜的空洞的凹孔
一样。

——莎士比亚

和其他所有的东西一样，一个人是否举足轻重，
在于他自身的身价。也就是说，在于他发挥多大
的作用。

——托·霍布斯

一个人绝不会仅仅因为用憎恶的眼光看待世人就能显出他的优越。

——夏多布里昂

我们的地位向上升，我们的责任心就逐步加重。升得愈高，责任愈重。权力的扩大使责任加重。

——雨果

无论一个人的地位多么高尚，他都不能忽视他人的尊严和平等。

——潘恩

我们每个人在内心深处都觉得，对于生命持一种无忧无虑的淡泊态度，将抵偿他自身的一切缺点。

——威廉·詹姆斯

事实上一般的职工不可能同地位高的人接触，他们只能通过管理者的规划与目标来了解他。

——土光敏夫

我觉得不必让恋爱在人生里占据那么重要的地位。许多人没有恋爱，也一样的生活。

——钱锺书

猴子蹲在地面的时候，尾巴是看不见的，直到它向树上爬，就把后部供大众瞻仰，可这红臀长尾巴本来就有，并非地位爬高了的新标识。

——钱锺书

人的地位不断变化，友谊也常常随之升降。

——冯英子

金钱

手头上有点钱的人认为爱是世界上最重要的东西，而穷人则明白世界上最重要的是金钱。 ——布伦南

世界上什么事都可能发生，就是不会发生不劳而获的事情。 ——洛克菲勒

一切财富都是权力，因此权力定会用种种手段将财富确定无疑地据为己有。 ——埃德蒙·伯克

金钱是人类抽象的幸福，所以一心扑在钱眼儿里的人不可能会有具体的幸福。 ——叔本华

无知和富有在一起，就更加身份大跌了。 ——叔本华

人类生活的一切不幸的根源，就是贫穷。 ——高尔基

金钱的种子就是金钱；有时候，取得第一枚金镑 ——卢梭
要比取得第二份一百万金镑困难得多。

多余的财富只能买到多余的东西。金钱并不一定 ——梭罗
买得到一件灵魂的必需品。

上帝必定爱穷人，否则他不会创造这么多穷人； ——林肯
他必定爱富人，否则他不会分给为数这般少的富
人这么多钱。

无论是谁，无论是任何偏见，都不能阻止人们通 ——托克维尔
过从事商业而致富。

财富的用途是为了使人生安逸，人生的目的并不 ——萨迪
是为了积聚财富。

对某些人来说，金钱是社交界的入场券，也是教 ——比尔斯
养的象征。

富人只有在病中时，才会充分感觉到钱财的无能。 ——科尔顿

如果我们能够支配财富，我们将衣食丰盈，自由 ——埃德蒙·伯克
自在；如果我们被财富所支配，我们将真的穷到
骨子里。

愚蠢常因为富贵而得到原谅。 ——贺拉斯

钱是最奇怪的东西，当它和爱情在一起的时候是
人类幸福最大的源泉，当它和死亡联系在一起的
时候是人类焦虑的最重要缘由。　——加尔布雷恩

作为人们幸福的根本源泉，金钱可以与爱情相提
并论；作为人们痛苦的最根本的原因，它又可以
与死亡等同。　——加尔布雷恩

如果富有，藏富很容易；如果贫穷，掩饰贫穷却
很难。我们不难发现隐藏一千个金币比遮盖衣服
上的一个破洞来得容易。　——科尔顿

如果你贫穷，用你的美德来显示自己；如果你富
有，用你的善行来显示自己。　——约瑟夫·儒贝尔

人类一切赚钱的职业与生意中都有罪恶的踪迹。　——爱默生

有的人是生来的富贵，有的人是挣来的富贵，有
的人是送上来的富贵。　——莎士比亚

虽然权势是一头固执的熊，可是金子可以拉着它的
鼻子走。　——莎士比亚

钱可以让好人含冤而死，也可以让盗贼逍遥法外。　——莎士比亚

钱是一种难以得到的可怕的东西，但也是一种值
得欢迎的可爱的东西。　——詹姆斯

只有一种悲痛能够持久，那就是因失去财产而产 ——拉布吕耶尔
生的悲痛；时间能够减轻一切痛苦，唯独对于这
一种却会加深。

爱钱的人很难使自己不成为金钱的奴隶。多数人 ——罗曼·罗兰
在有了钱之后，会时时刻刻为保存既有的和争取
更多的钱而烦心。他的生意越大，得失越重，越
难以找回海阔天空的心境。

直接为了赚钱而赚钱，和由于创造了成功的事业 ——罗曼·罗兰
自然地得到了金钱，其间有层次与境界高下之
不同。

与其在死时手中握着一大把钱，还不如活着的时 ——约翰生
候活得丰富多彩。

从巨额的消费中，我不会得到什么快乐，享受本 ——巴菲特
身并不是我对财富渴求的根本原因。对我而言，
金钱只不过是一种证明，是我所喜欢的游戏的一
个记分牌而已。

等你也有1亿美元的时候，你就明白钱不过是一 ——比尔·盖茨
种符号，简直毫无意义。

巨大的财富，落在傻瓜的手里则是巨大的不幸。 ——托·富勒

今天的道德已被我们的拜金主义败坏了。 ——西塞罗

金钱可以是许多东西的外壳，却不是里面的果
实。它带来食物，却带不来胃口；带来药，却带
不来健康；带来相识，却带不来友谊；带来仆
人，却带不来他们的忠心；带来享受，却带不来
幸福的宁静。

——易卜生

钱这个东西像戒指，总是在自己手上好。

——老舍

别把钱看得太大了，因为钱之上还有比钱大的事；
也别把钱看得太小了，因为钱是要用来做大事的。

——陶行知

贫穷不是罪过，但也究竟不是美德，值不得夸
耀，更不足以傲人。

——梁实秋

钱本身是有用的东西，无所谓俗。

——梁实秋

朋友本有通财之谊，但这是何等微妙的一件事！
世上最难忘的事是借出去的钱，一般认为最倒霉
的事又莫过于还钱。一牵涉到钱，恩怨便很难
算得清楚，多少成长中的友谊都被这阿堵物所
戕害！

——梁实秋

金钱最公平。富人不快乐，穷人不快乐，不富不
穷的人快乐。

——三毛

金钱是深刻无比的东西，它背后的故事，多于
爱情。

——三毛

金钱本身是没有什么善与恶的。善与恶决定于：金钱是怎样获得的？金钱又是怎样使用的？

——季羡林

金钱是可以支撑生命的，但如果仅仅靠金钱来支撑，一旦失去了金钱，这生命便会如同抽去了脊梁一般坍塌下去。

——陆键

金钱是一种有用的东西，但是，只有在你觉得知足的时候，它才会带给你快乐；否则的话，它除了给你烦恼和妒忌之外，毫无任何积极的意义。

——席慕蓉

不是你自己奋斗得来的财富，永远也不会真正属于你的。

——张抗抗

贪婪

对金钱的贪恋是一切罪恶的根源。 ——勃特勒

月亮下面的金钱，从没有使劳碌的人类有片刻的安静。 ——但丁

大量的金钱总是要使权威瘫痪的。 ——培根

贪心好比一个套结，把人的心越套越紧，结果把理智闭塞了。 ——巴尔扎克

一个嫉妒的人就是一个贪婪的人。 ——雨果

只愿说而不愿听，是贪婪的一种形式。 ——德谟克利特

贫穷要一点东西，奢侈要许多东西，贪欲却要一切东西。 ——高里·杰布列夫

贪婪是一种会给人带来无限痛苦的地狱，它耗尽了人力图满足其需求的精力，可并没有给人带来满足。 ——弗洛姆

世间物质能够满足人的需求，却不能满足人的贪婪。 ——甘地

钓人，金钱是最好的饵。 ——托·富勒

如果金钱不是你的仆人，它便将成为你的主人。一个贪婪的人，与其说他拥有财富，不如说财富拥有他。 ——培根

有些人因为贪婪，想得到更多的东西，却把现在所有的也失掉了。 ——伊索

吝啬的人好比地狱，吞咽得越多越想吞咽，贪多无厌。 ——奥古斯丁

执着于自我与物欲者，逃不脱无边的苦海。 ——瓦鲁瓦尔

贪婪的野心，与其说出于真正需要，不如说为了使自己高人一等而积累财富的强烈欲望，使所有人产生了相互损害的可怕倾向以及一种隐秘的嫉妒之心。 ——卢梭

奢侈会同时腐蚀富人和穷人，让前者充满占有欲，让后者充满贪婪心。 ——卢梭

人既贪婪又目光短浅，生来为了一切都想要，却得到的很少。 ——卢梭

收入犹如自己的鞋子，过分小，会折磨、擦伤你的脚；过分大，会使你失足、绊倒。 ——科尔顿

我在世界上认识到的唯一的罪过是贪婪，其他的一切罪过，不管叫什么名字，都无非是罪过的不同方式、不同程度的表现。 ——摩莱里

只有金钱才是最大的罪人，一切人类的残酷和肮脏的行为，都是金钱导演出来的。 ——左拉

财富造成的贪婪之人，远远多于贪婪造成的富人。 ——托·富勒

财富得之费尽辛劳，守则日夜担忧，失则肝肠欲断。 ——托·富勒

如果你把金钱奉为上帝，它就会像魔鬼一样折磨你。 ——菲尔丁

财富能给人们带来幸福吗？你瞧瞧周围，多少奢华的痛苦！多么辉煌的伤悲！无论财富怎样慷慨地流溢，贪婪都会将它们吞噬，然后又伸出双手！ ——爱德华·杨格

有人说爱财是万恶之本，缺财也同样是万恶之本。 ——勃特勒

把金钱奉为神明，它就会像魔鬼一样降祸于你。　　——菲尔特

谋财艰辛，守财担心，失财伤心。　　——德拉克斯

目光远大的人应当将自己的每一个愿望摆好位置，然后逐一地去实现它。贪得无厌常常把这种秩序打乱，使我们同时去追逐许多目标，以至贪小失大。　　——拉罗什富科

贪婪是一种病态，它能够摧毁人们的精神和道德。　　——纪伯伦

人们最终喜爱的是自己的欲望，而不是欲望的目标。　　——尼采

贪欲永远无底，占有的已经太多，仍渴求更多的东西。　　——莎士比亚

贪婪与挥霍一样，最终都会使人成为一小块面包的乞讨者。　　——托·富勒

自私与贪婪相结合，会孵出许多损害别人的毒蛇。　　——艾青

自己的金钱，当当心心叫做血汗钱。他人的金钱，怎么看都像是多出来的横财。　　——三毛

爱是一种巨大的能力，世上人以这样巨大的爱力去追逐金钱，于是金钱的能力笼罩一切。　　——三毛

弱点

人们相互蔑视，又相互奉承，人们各自希望自己 ——马可·奥勒留
高于别人，又各自匍匐在别人面前。

胆小的人在危险之前惊恐，懦弱的人在危险之中 ——里克特
惊恐，胆大的人在危险之后惊恐。

平庸的人的最大缺点是常常觉得自己比别人高明。 ——富兰克林

有钱的时候很容易有原则，重要的是在贫穷的时 ——雷·A.科罗克
候也有原则。

这个世界上最让人恼火的事情是，笨蛋们个个信 ——罗素
心十足，而聪明人却充满了怀疑。

大多数人都依照潮流，而不是依照理性生活。 ——利希滕贝格

尽你所能比别人聪明些，但千万不要说出来。　——斯坦霍普

我的整个生命，只是一场为了提升社会地位的低俗斗争。　——埃莱娜·费兰特

受过最好教育的人往往是头脑最狭隘的人。　——哈兹利特

我们不能把快乐全部寄托在别人身上，因为别人只能有限度地了解和帮助我们。而事实上，这个世界锦上添花的人总比雪中送炭的多。如果你表现得很坚强，别人就都来鼓动你；如果你软弱，就很少有人会来扶助你了。　——罗曼·罗兰

注意别人的缺点，那你就会处处碰到敌人，把自己陷入孤立无援的灰暗中去。如果你多注意别人的好处，用同情和仁爱去影响别人，使他能看到自己的缺点，而慢慢改正，你就会处处碰到信赖你、爱戴你的朋友；你的生活中就会充满了温暖、和平与快乐。　——罗曼·罗兰

任何错误如果是别人犯的，都显得极其愚蠢。　——利希滕贝格

愚蠢是所有疾病中最奇特的疾病。病人从来不受愚蠢的折磨，而其他人则不然。　——保罗-亨利·史巴克

人有一种卑劣的本能，就是保存自己。　——萨尔蒂柯夫·谢德林

虚伪的真诚，比魔鬼更可怕。 ——泰戈尔

释放无限光明的是人心，制造无边黑暗的也是人 ——雨果
心，光明和黑暗交织着，厮杀着，这就是我们为
之眷恋而又万般无奈的人世间。

人生下来时都是原创，死去的时候却都是复制品。 ——阿纳托尔·法朗士

为什么一些问题永远得不到解决？因为解决问题 ——哈耶克
的人就是制造问题的人。

人类处于神与禽兽之间，时而倾向一类，时而倾 ——普罗提诺
向另一类；有些人日益神圣，有些人变成野兽，
大部分人保持中庸。

一个人最大的弱点，是在于以为自己最聪明。 ——埃德蒙兹

对那些不成熟的人来说，他们永远都可以找到一 ——卡耐基
些借口，以掩饰他们自身的某些缺点或不幸。

这个世界就这么不完美，你想得到些什么就不得 ——柏拉图
不失去些什么。

若想激怒对方，你只需以激烈的批评作为武器； ——卡耐基
即使那批评合情合理，对方都可能会记恨终生。

日常生活的很多苦恼都源于大家盲目跟风和他人盲目攀比，而忘记了享有自身的日常生活。

——卡耐基

浅水是喧哗的，深水是沉默的。

——雪莱

犯错误是无可非议的，只要及时觉察并纠正就好。谨小慎微的科学家既犯不了错误也不会有所发现。

——贝弗里奇

既然太阳上也有黑点，"人世间的事情"就更不可能没有缺点。

——车尔尼雪夫斯基

我从不怜悯自负的人们，因为我认为他们一定从自负中得到了安慰。

——乔治·艾略特

以为没有别人自己什么都行的人，是非常错误的；以为没有自己别人什么都不行的人，那就更加错误。

——拉罗什富科

世上人的本性都是一样的，但教育和习惯却使它们的表现形式不尽相同，因此，我们必须隔着各种外衣对它们加以认识。

——切斯特菲尔德

仅仅把弱者扶起来是不够的，还要在他站起来之后支持他。

——莎士比亚

大凡人生遇到不幸，再碰到别人对他的痛苦表示同情，无论是真是假，总是最容易引起他的好感。　　——司各特

如同月亮一样，每个人都有他不让别人看到的阴暗的一面。　　——马克·吐温

千万不要说出你的毛病，朋友们会永远谈不够那个话题。　　——塔列兰

事情做得多的人，就会有所失误。　　——约翰生

人类更愿意报复伤害而不愿报答好意，因为感恩就好比重担，而复仇则快感重重。　　——塔西佗

人的弱点往往是对指出自己缺点的人敬而远之。　　——池田大作

这个世界上根本没有正确的选择，我们只不过是要努力奋斗，使当初的选择变得正确。　　——村上春树

人总是因为自己脆弱的内在世界被人窥视了，被人攻击了，才会过度防御，急着向他人展示自己的优点。　　——加藤谛三

比世人的目光还要可怕的，实际上是你自己那颗在意世人目光的心。　　——山本文绪

软弱的人总是怕被说穿事实，而且讨厌说真话的人。 ——东野圭吾

雨下给富人，也下给穷人；下给义人，也下给不义的人。其实，雨并不公道，因为下落在一个没有公道的世界上。 ——老舍

不要考验人性，千万不要——它根本不堪一击。 ——李碧华

没有失误的人，不会有真正的成功；没有缺点的人，其实就有了要命的缺点——平庸。 ——陈祖芬

纵使迈错几步，也比怕错而不敢举步有声有色得多。 ——陈祖芬

你要小心这世上的坏人，他们都憋着劲教你学好，然后好由着他们使坏。 ——王朔

永远不要相信苦难是值得的，苦难就是苦难，苦难不会带来成功，苦难不值得追求，磨炼意志是因为苦难无法躲开。 ——余华

虚荣

爱好虚荣的人，用一件富丽的外衣遮掩着一件丑陋的内衣。 ——莎士比亚

虚荣是一件无聊的骗人的东西，得到它的人未必有什么功德，失去它的人也未必有什么过失。 ——莎士比亚

我们是如此虚荣，乃至连那些我们根本不放在心上的人的意见也会影响我们。 ——艾欣巴赫

什么叫作虚荣心？那就是当人家过高地看重你的时候，你不是感到问心有愧，却是沾沾自喜。 ——车尔尼雪夫斯基

每一个人的虚荣是和他的愚蠢程度相等的。 ——波普

头脑简单的人有了虚荣心往往干出种种荒唐事，年轻姑娘最容易抱不切实际的幻想。 ——奥斯丁

轻浮和虚荣是一个不知足的贪食者，它在吞噬一切之后，结果必然牺牲在自己的贪欲之下。　　——莎士比亚

小小的一点虚荣，正和大量的爱一样，足够使我们变得矫饰。　　——纪德

人不可为了荣华与虚名给自己招来危险。　　——伊索

隆重的葬礼不过是活着的人的一种虚荣。　　——欧里庇得斯

虚荣是虚伪的产物。　　——卡莱尔

虚伪不可能创造任何东西，因为虚伪本身什么也不是。　　——格拉宁

虚荣促使我们装扮成不是我们本来的面目，以赢得别人的赞许。　　——菲尔丁

人总是喜欢在别人面前表现自己，自己原来是一无所有，反而要处处装出有的样子。　　——巴尔扎克

男子汉脸红多半是为了自己懦弱和虚荣，不是为了自己的罪过。　　——拉布吕耶尔

穷人一旦开始模仿富人，他就算是完蛋了。　　——希鲁斯

虚荣是追求个人荣耀的一种欲望，它并不是根据人的品质、业绩和成就，而只是根据人的存在就想博得别人的欣赏、尊重和景慕的一种愿望。所以虚荣充其量不过等于一个轻浮的漂亮的女人。 ——歌德

很多人足够聪明，有满肚子的学问，可是也有满脑子的虚荣心，为着让眼光短浅的俗人赞赏他们是才子，他们简直不知羞耻，对他们来说，世间没有什么东西是神圣的。 ——歌德

人是唯一愿意打断脖子而保全脸面的动物。 ——彼德

虚荣心驱使我们去做的事，比理智驱使我们去做的事要多。 ——拉罗什富科

我们难以忍受别人的虚荣，因为它伤害了我们的虚荣。 ——拉罗什富科

虚荣心强的人，时而批评自己，时而夸赞自己，借此从中渔利，谦虚的人却自始至终不为自己吭一声。 ——拉封丹

虚荣的人被智者所轻视，愚者所倾服，阿谀者所崇拜，而为自己的虚荣所奴役。 ——培根

真正的谦虚只能是对虚荣心进行了深思以后的产物。 ——柏格森

虚荣是母亲，也是罪恶；做作是女儿，也是惩罚。前者是自爱之根，后者是自爱之果。　　——哈利法克斯

人们没有足够的智慧为事业而工作，但却知道如何去为虚荣而奋斗。　　——哈利法克斯

别让虚荣吞噬你的灵魂，虚荣心很难说是一种恶行，然而一切恶行都围绕着虚荣心而生，都不过是满足虚荣心的手段。　　——柏格森

可能有虚伪的谦虚，但绝没有虚伪的骄傲。　　——朱尔·勒纳尔

虚荣心没有程度的差别，只有在掩盖虚荣心的能力上才有程度的差别。　　——马克·吐温

谁能早一点闯过不爱虚荣的关，谁就能更好地做出成绩。　　——姚雪垠

虚伪的谦虚，仅能博得庸俗的掌声，而不能求得真正的进步。　　——华罗庚

汽车代表许多东西，优裕、娱乐、虚荣的满足，人们的青睐、殷勤，都会随以俱来。至于婚姻的对方究竟是怎样的一块材料，那是次要的事。　　——梁实秋

并不是人人都真正知道自己想要什么的，而总是把大多数人想要的东西当成自己想要的，被流行的时尚和价值标准所迷惑。　　——张抗抗

人性

我可以计算天体运行的轨道，却无法计算人性的　　——牛顿
疯狂。

无须为人性感到意外。　　　　　　　　　　　　　——查理·芒格

青年男子谁个不钟情？妙龄女人谁个不善怀春？　　——歌德
这是我们人性中的至圣至神。

人类有禽兽的一面，也有天使的一面。　　　　　　——巴禾乌拉

认识自己的无知，就是最大的智慧。　　　　　　　——苏格拉底

不做事的人是懒惰的，没能把事情做得更好的人　　——苏格拉底
也是懒惰的。

树林里最凶恶的野兽，比起无情的人来，它们要　　——莎士比亚
善良得多了。

懒人总是找不到给他干的事情。 ——沃维纳格

已经是个大人物的人，会被所有那些想成为大人 ——理查德·绍卡尔
物的人敌视。

社会资源永远是有限的，好东西要靠抢。只有弱 ——利弗莫尔
者才会坐等分配。

对倒地的人再踢上一脚，这是人类的一种最恶劣 ——埃斯库罗斯
的本性。

一个人如果除了自己之外，在任何其他人身上都 ——高尔基
看不到一点点善良品质的话，那么，对他来说，
整个世界就只能是一片沙漠。

只要有可能，人人都会成为暴君，这是大自然赋 ——笛福
予人的本性。

当你在凝视深渊的时候，深渊也在凝视着你。 ——尼采

制定规矩的最不守规矩，规矩只不过是弱者的脚 ——叔本华
链、强者的工具而已。

人从本质上说，是一种可怕的野兽，我们所认识 ——叔本华
的人只是经过所谓文明驯服、训练过的人；因
此，一旦发现人的本质发泄出来，我们就感到
吃惊。

人类是天生社会性动物。 ——亚里士多德

人的本性中绝无行善或作恶的所谓坚定不移的决心，除非在断头台上。 ——纳·霍桑

人的野性无异于橡树林中的各种野兽。 ——本·琼森

你重大决定时优柔寡断，追求人生目标时，冲劲不足，是使我们失意沮丧的两大主因。 ——爱迪生

懒惰走得如此之慢，以致贫穷很快就赶上它。 ——富兰克林

懒惰和贫穷永远是丢脸的，所以每个人都会尽最大努力去对别人隐瞒财产，对自己隐瞒懒惰。 ——约翰生

无法成为我们自己，是一切绝望的根源。 ——卡伦·霍妮

理解自身的阴暗，是对付他人阴暗一面的最好方法。 ——荣格

人性的尊严与光荣不在精明，而在于诚实。 ——蒙森

懒惰是很奇怪的东西，它使你以为那是安逸，是休息，是福气；但实际上它所给你的是无聊，是倦怠，是消沉；它剥夺你对前途的希望，割断你和别人之间的友情，使你心胸日渐狭窄，对人生也越来越怀疑。 ——罗曼·罗兰

一句话，先是太胆小，明知不该做的事却不敢不
做；后来也还是太胆小，明知该做的事也不敢
去做。

——狄更斯

同情是人性中一个很强有力的原则。

——休谟

嫉妒与爱情同时诞生，但是爱情死亡之时，嫉妒
并不与它共亡。

——歌德

对孩子来说，家庭应该是歇息的场所，培养丰
富的人性的土壤，以及明亮无比的孩子之梦的
温床。

——池田大作

女人的嫉妒大多与容貌、衣着和财产等有关，男
人的嫉妒则与才能、智慧和力量有关。

——池田大作

邪恶能够得逞，绝不是靠一两个人的伎俩，一定
是成千上万人合力的结果。是他们的"协助"或
沉默，为作恶之人铺好了台阶。

——汉娜·阿伦特

自满、自高自大和轻信，是人生的三大暗礁。

——巴尔扎克

骄傲、嫉妒、贪婪是三个火星，它们使人心爆炸。

——但丁

人的自大是一种只有在回顾时才被发觉的心态，
它的存在只有在受到惩罚后才能被确定。

——纳博科夫

最大的缺陷就是意识不到自己有任何缺陷。 ——卡莱尔

骄傲是不难满足的，它只要有很微薄的好处便会沾沾自喜。 ——约翰生

一个人如果将他自己描述得很好的话，他十有八九是在撒谎，因为任何生命从内部审视只不过是一系列的失败。 ——乔治·奥威尔

嫉妒确实是很蠢的一种罪，因为它是你唯一可能永不可能从中得到任何乐趣的心理活动。它会带来很多痛苦，毫无乐趣可言。为什么你还会想要赶那趟车呢？ ——查理·芒格

智者借色伐人，愚者以色伐己。 ——张居正

道德是人性的上限，法律是人性的下限。 ——曹明华

嫉妒者可以把被嫉妒者批判得一无是处，而实质上，那是他们心底最羡慕的对象。 ——余秋雨

过日子的秉性是，过不好，受耻笑；过好了，遭嫉妒。 ——贾平凹

形象一定要走在能力前面，不然，你的能力很容易被低估。 ——摘自网络

真正厉害的骗子，骗人时是不说谎话的。　　——摘自网络

一个人想要成大事，不要老是怕别人反感，怕别　　——摘自网络
人生气，怕别人看不起你，最高级的拿捏是不在
意，你在意了谁的想法，你就成了谁的奴隶。

宁在人前全不会，莫在人前全都行。木秀于林，　　——摘自网络
风必摧之；行高于人，众必非之。人性就是这
样，能容得下弱者，却容不下强者。

不要因为一时的投缘，就随便亮出底牌。　　——摘自网络

不要急于报仇，烂掉的水果，会自己从树上掉下来。　　——电视剧《繁花》台词

当你实力足够强大的时候，你不爱说话就是深　　——摘自网络
沉，你的坏脾气就是个性，你的没大没小就是随
和。当你弱小的时候，你的不爱说话就是木讷呆
板，你脾气就是情商低，你的没大没小就是没教
养。人性就是如此，强大的时候，总有人原谅你
的弱点；弱小的时候，总有人放大你的缺点。

天底下从古至今，如果一个人没有什么成就，懒　　——摘自网络
是一大原因，事败皆因懒，人废皆因闲，家败皆
因奢。懒毁所有，只有勤才能百弊除。

认知越低的人，越爱从别人身上找原因。　　——摘自网络

人生最痛的一课，永远是那个你不设防的人给你　　——摘自网络
上的。

世上有两样东西不可直视：一是太阳，二是人心。　——摘自网络

万丈深渊终有底，唯有人心最难测。　　　　　　——摘自网络

越是和你亲近的人，越是接受不了，你突然间　　——摘自网络
变好。

无论在谁面前，只要你不欠他的，就没必要唯唯　——摘自网络
诺诺。你越冷血，越果断，越不拖泥带水，就越
会有人欣赏你。

处世篇

可以不圆滑，
但要知世故

为人

你希望自己表现出什么样子，那就去成为那个样子的人！ ——苏格拉底

掩饰一个缺点，结果会暴露另一个缺点。 ——伊索

成熟就是不再沉溺于自我。 ——多德勒尔

简单是成熟的结果。 ——席勒

我们成熟以后所获得的最糟糕的经验之一是：我们不能推动任何其他人，而只能推动自己前进。 ——霍夫曼斯塔尔

假使你希望别人保守你的秘密，你应该首先自己保守秘密。 ——塞涅卡

失去了信用的人，就再没有什么可失去的了。 ——绪儒斯

我们考虑自己何其多，考虑别人却何其少！　——马克·吐温

性情的修养，不是为了别人，而是为自己增强生　——池田大作
活能力。

谨慎的行动要比合理的言论更重要。　——西塞罗

不要试图超越别人，去超越自己吧。　——西塞罗

人的通病是：判断别人和判断自己的标准迥然　——贺拉斯
不同。

要想有教养，就要去了解全世界都在谈论和思索　——阿诺德
的最美好的东西。

教养中寄寓着极大的向往——对美好和光明的向　——阿诺德
往。它甚至还有一个更大的向往——使美好和光
明战胜一切的向往。

修养的本质如同人的性格，最终还是归结到道德　——爱默生
情操这个问题上。

无论你怎样地表示愤怒，都不要做出任何无法挽　——培根
回的事来。

人们的举止应当像他们的衣服，不可太紧或过于　——培根
讲究，应当宽舒一点，以便于工作和运动。

情操上的任何微瑕都会使你美丽的服饰失去全部魅力。 ——爱默生

任何人，不论多么博学，只要他的学问和他的生活之间还存在着一段不可架梁的距离，就都称不上是有教养的人。 ——波伊斯

谁自重，谁就会得到尊重。 ——巴尔扎克

洁白的良心是一个温柔的枕头。 ——安徒生

一个勇敢而率真的灵魂，能用自己的眼睛观照，用自己的心去爱，用自己的理智去判断；不做影子，而做人。 ——罗曼·罗兰

有谋无勇只会是怯弱、欺诈；有勇无谋只会是愚蠢、疯狂。 ——萨迪

良好的习惯，犹如一束鲜花。 ——派登华特

爱找别人阴暗面的人，自己也常常失掉光芒。 ——高尔基

宽恕人家所不能宽恕的，是一种高尚的行为。 ——莎士比亚

一个人思虑太多，就会失却做人的乐趣。 ——莎士比亚

天生没有嫉妒心的人才是真正的秉性高尚的人。 ——拉罗什富科

命运的变化如月亮的阴晴圆缺，无损智者大雅。　　——富兰克林

命运并非机遇，而是一种选择；我们不该期待命　　——布莱克
运的安排，必须凭自己创造命运。

命运给予我们的不是失望之酒，而是机会之杯。　　——洛克菲勒

我曾经和丘吉尔有过许多激烈的争吵，但是我们　　——戴高乐
总能和睦相处。和罗斯福我一次都没有争吵过，
可是和他就是合不来。

我们应该谦虚，因为你我都成就不了多少。我们　　——卡耐基
都只是过客，一世纪以后都会被完全遗忘。生命
太短促，不能老谈自己微小的成就来叫人厌烦，
且让我们鼓励别人多谈吧。

对于丑恶没有强烈的憎恨的人，也不会对于美善　　——茅盾
有强烈的执着。

我自己当然希望变得更善良，但这种善良应该是　　——王小波
我变得更聪明造成的，而不是相反。

一个永远也不欣赏别人的人，也就是一个永远也　　——汪国真
不被别人欣赏的人。

爱是苛求的，因为苛求而短暂。友谊是宽容的，　　——周国平
因为宽容而长久。

世态

真是奇怪，无知和自命不凡居然比智慧更有力量。 ——马可·奥勒留

最好的复仇，就是不要变得跟仇敌一样。 ——马可·奥勒留

财富、知识、荣耀，不过是权力几种类型。 ——霍布斯

人类之所以进步，主要原因是下一代不听上一代 ——毛姆
的话。

人的心只容得下一定程度的绝望，海绵已经吸够 ——雨果
了水，即使大海从它上面流过，也不能再给它增
添一滴水了。

想结婚的就去结婚，想单身就维持单身，反正到 ——萧伯纳
最后你们都会后悔。

相爱的人不该争吵。因为他们只有两人，与他们作对的是整个世界。他们一发生隔膜，世界就会将其征服。

——海明威

一个人越聪明、越善良，他看到别人身上的美德越多；而人越愚蠢、越恶毒，他看到别人身上的缺点也越多。

——列夫·托尔斯泰

当真理还正在穿鞋的时候，谎言就能走遍半个世界。

——马克·吐温

良好的教养在于隐藏我们对自己较佳的评价，以及隐藏我们对他人较差的评价。

——马克·吐温

一个人总是可以善待他毫不在意的人。

——王尔德

生活并不复杂，复杂的是我们人自己。生活是单纯的，单纯的才是正确的。

——王尔德

从一个角度办不到的事情，不妨从另一个角度试试看。

——华特·迪士尼

要等待！一切人类的智慧都来源于这个词。最伟大的人、最有力量的人，特别是那些最机灵的人，都是善于等待的人。

——大仲马

灾难有两种类型：一种是我们自己倒霉，另一种是别人走运。

——比尔斯

很多人一辈子都不会遇见你梦想的真爱。只会因为害怕孤独地死去而选择随便找个人，互相饲养。

——塞涅卡

全世界是一个舞台，世人无分男女，只不过是演员，上场、下场各有其时。

——莎士比亚

人类生活的真正目的在于娱乐。世间是艰苦劳作之地，天堂是愉快玩乐之园。

——切斯特顿

生活本身既不是祸，也不是福，它是祸福的容器，也看人自己把它变成什么。

——蒙田

人需要真理，就像瞎子需要明快的引路人一样。

——高尔基

事态一开始总由人控制，但一有发展就会反过来控制人、驱使人，所以人必须顺应事态的发展。

——蒙田

男人、儿童和其他动物的大部分娱乐都是一种对战斗的模仿。

——斯威夫特

大部分人在二三十岁上就死去了，因为过了这个年龄，他们只是自己的影子，此后的余生则是在模仿自己中度过，日复一日，更机械，更装腔作势地重复他们在有生之年的所作所为，所思所想，所爱所恨。

——罗曼·罗兰

教育就是当一个人把在学校所学全部忘光之后剩下的东西。 ——爱因斯坦

老年人的悲剧，不在于他身体的衰老，而在于他的心依然年轻。 ——王尔德

这个世界并不在乎你的自尊，只在乎你做出来的成绩，然后再去强调你的感受。 ——比尔·盖茨

中国人的性情是总喜欢调和，折中的。譬如你说，这屋子太暗，须在这里开一个窗，大家一定不允许的。但如果你主张拆掉屋顶，他们就会来调和，愿意开窗了。 ——鲁迅

悲剧将人生的有价值的东西毁灭给人看，喜剧将那无价值的撕破给人看。 ——鲁迅

勇者愤怒，抽刃向更强者；怯者愤怒，却抽刃向更弱者。 ——鲁迅

乱世的热闹来自迷信，愚人的安慰只有自欺。 ——老舍

闲人无乐趣，忙人无是非。 ——证严法师

人生恰如监狱中的伙劣伙食，心中骂，嘴里嚼。 ——木心

有一种人是这样的：你看不起他，他就看得起你；你看得起他，他就看不起你。 ——木心

要说真话，不讲假话。假话全不讲，真话不全讲。　　——季羡林

当庸俗冒充崇高招摇过市时，崇高便羞于出门，　　——周国平
它躲了起来。

不管是快乐的事情还是痛苦的事情，都是我们生　　——俞敏洪
活中珍贵的礼物，都需要我们用心去珍惜，并用
积极的心态去对待。

那些听不见音乐的人，以为跳舞的人疯了。　　——摘自网络

村口的狗叫了，其他的狗也跟着叫，但它们不知　　——摘自网络
道为什么叫。

处世

让每一个念头都服从于利益动机。 ——洛克菲勒

世界上的事情最好是一笑了之，不必用眼泪去冲洗。 ——泰戈尔

要精明地处世，但不要那种世俗的精明。 ——夸尔斯

信任少数人，不害任何人，爱所有人。 ——莎士比亚

一个人无论禀有着什么奇才异能，倘若不把那种 ——莎士比亚
才能传达到别人的身上，他就等于一无所有。

吃得太饱的人，跟挨饿不吃东西的人，一样是会 ——莎士比亚
害病的，所以中庸之道才是最大的幸福。

在交往中都是人以群分，一个傻瓜更喜欢另一个 ——叔本华
傻瓜的社交圈，而不是伟大人物的社交圈。

人际关系在社会上是一种资本，若要它经久，就不得不节用。 ——列夫·托尔斯泰

往上爬的时候要对别人好一点，因为你走下坡的时候会碰到他们。 ——洛克菲勒

聪明人的特点有三：一是劝别人做的事自己去做；二是决不去做违背自然界的事；三是容忍周围人们的弱点。 ——列夫·托尔斯泰

成功的第一要素是懂得如何搞好人际关系。 ——罗斯福

不要相信任何人，凡事都要自己用心。即使是有意任人恭维，也是可怕的。 ——爱德华·杨格

处世之道，贵在礼尚往来。如果你想获得友谊，你必须为你的朋友效力。 ——爱默生

我们总是喜欢那些崇拜我们的人，而并不总是喜欢那些我们崇拜的人。 ——拉罗什富科

人就像藤萝，他的生存靠别的东西支持，他拥抱别人，就从拥抱中得到了力量。 ——蒲柏

对所有的人以诚相待，同多数人和睦相处，和少数人常来常往，只跟一个人亲密无间。 ——培根

真诚是一座阶梯，也是达到认识之前的手段之一。 ——尼采

真诚是一种心灵的开放。 ——拉罗什富科

世界上没有比真诚更可贵的了。 ——西塞罗

我觉得一个人如果遭到大家嫌弃，多半是自己不好。这世界是一面镜子，每个人都可以在里面看见自己的影子。 ——萨克雷

毫不奇怪，我们所有的人都或多或少乐于跟平庸者打交道，因为那会使我们心安理得，使我们产生一种与自己相同的人交往的舒适感觉。 ——歌德

对付掌权者，要运用技巧和策略，必要时得学会回避、拖延和推诿。 ——歌德

你伤害了谁，也许早已忘了，可是被你伤害的那个人永远不会忘记，他绝不会记住你的优点。 ——卡耐基

几乎所有的人都会愉快地去清偿那些小的人情，有很多人对那些中等的人情也会表示感激，但几乎没有人对那些巨大的恩惠不忘恩负义的。 ——拉罗什富科

我们所处的这个社会，人际关系非常重要。如果能够慎重地建立关系，而且妥善地维持的话，成功是指日可待的。 ——切斯特菲尔德

进入社交界以后，千万不能被任何事情冲昏头脑，遇事要小心提防，特别要提防最讨我喜欢的事。　　——巴尔扎克

得意的时候要对人好，因为我们在失意的时候也会遇到他们。　　——米兹内尔

即使我们能忍受在枪林弹雨之中，但是却无法忍受嘲笑。　　——安涅士

生活中最大的危险就是变得谨小慎微。　　——阿德勒

孩子是要别人教的，毛病是要别人医的，即使自己是教员或医生。但做人处事的法子，却恐怕要自己斟酌，许多别人开来的良方，往往不过是废纸。　　——鲁迅

装假固然不好，处处坦白，也不成，这要看是什么时候。和朋友谈心，不必留心，但和敌人对面，却必须刻刻防备。我们和朋友在一起，可以脱掉衣服，但上阵要穿甲。　　——鲁迅

为人处事，善于运用巧妙的曲线只此一转，便事事大吉了。换言之，做人要讲究艺术，便要讲究曲线的美。　　——南怀瑾

处难处之事愈宜宽，处难处之人愈宜厚，处至急之事愈宜缓。　　——弘一法师

看透了自己，便无须小看别人。　　　　　　　　——老舍

做人和写文章一样，包含不断的修正。　　　　——沈从文

我发现了一般人处事的一条道理，那便是：可以　——梁实秋
无须让的时候，则无妨谦让一番，于人无利，于
己无损；在该让的时候，则不谦让，以免损已；
在应该不让的时候，必定谦让，于己有利，于人
无损。

到后来，总还是看在愚蠢的份上，再让一步。　　——木心

永远都不要恨你的敌人，因为他是最早发现你的　——《教父》台词
缺点的人。

人生三大错误：向糊涂人说明白话，和不靠谱的　——摘自网络
人做正经事，和无情的人谈感情。

心中有事，还能若无其事，便是格局；心中有　——摘自网络
事，装作若无其事，便是阅历。

少跟妈妈说难过的事，她帮不上忙，也会睡不　——摘自网络
着觉。

烦躁的时候，千万不要说话，安静地待会儿，成　——摘自网络
年人的烦恼，和谁说都不合适。

道德

失掉信用的人，在这个世界上已经死了。 ——哈伯特

当信用消失的时候，肉体就没有生命。 ——大仲马

道德常常能填补智慧的缺陷，而智慧却永远填补 ——但丁
不了道德的缺陷。

有两样东西，我思索的回数愈多，时间愈久，它 ——康德
们充溢我以愈见刻刻常新、刻刻常增的惊异和严
肃之感，那便是我头上的星空和心中的道德律。

谁遇到缺德事不立即感到厌恶，遇到美事不立即感 ——康德
到喜悦，谁就没有道德感，这样的人就没有良心。

良心是我们每个人心头的岗哨，它在那里值勤站 ——毛姆
岗，监视着我们别做出违法的事情来。

美只愉悦眼睛，而气质的优雅使灵魂入迷。　　——伏尔泰

同情是一切道德中最高的美德。　　——培根

理智要比心灵为高，思想要比感情可靠。　　——高尔基

对自己真实，才不会对别人欺诈。　　——莎士比亚

诚实比一切智谋更好，而且它是智谋的基本条件。　　——康德

天性常常是隐而不露的，有时可以压服，而很少能完全熄灭的。　　——培根

感情有着极大的鼓舞力量，因此，它是一切道德行为的重要前提。　　——凯洛夫

德行高的人们，其德愈增则受人嫉妒之机会愈减。　　——培根

所谓善人，即使有过道德上不堪提及的过去，但他还是向着善良前进的人。　　——杜威

失去了信用的人，就再没有什么可以失去的了。　　——绪儒斯

走正直诚实的生活道路，必定会有一个问心无愧的归宿。　　——高尔基

实话是我们最宝贵的东西，我们节省着使用吧。　　——马克·吐温

没有伟大的品格，就没有伟大的人，甚至也没有伟大的艺术家，伟大的行动者。 ——罗曼·罗兰

诚实而无知，是软弱的、无用的；然而有知识而不诚实，却是危险的、可怕的。 ——约翰逊

真话说一半常是弥天大谎。 ——富兰克林

名气，是世上所有男人跟女人对我的评价；品格，是上帝跟天使对我们的认识与了解。 ——潘恩

生命不可能从谎言中开出灿烂的鲜花。 ——海涅

人生就是那么回事，跟厨房一样腥臭。要捞油水不能怕弄脏手，只消事后干净，今日所谓道德，不过是这么一点。 ——巴尔扎克

单纯的才智不能代替道德上的正直。 ——爱因斯坦

领导人物的道德品质对于一代人和一个历史时期来说，也许比纯粹智力成就的意义更加重大。 ——爱因斯坦

人类被赋予了一种工作，那就是精神的成长。 ——列夫·托尔斯泰

人不能像走兽那样活着，应该追求知识和美德。 ——但丁

感人肺腑的人类善良的暖流，能医治心灵和肉体的创伤。 ——罗佐夫

给道德以应有的地位，给每一件好事以恰当的鼓励。 ——狄更斯

即使品德穿着褴褛的衣裳，也应该受到尊敬。 ——席勒

如果道德败坏了，趣味也必然会堕落。 ——狄德罗

一个人如果不是真正有道德，就不可能真正有智慧。 ——雪莱

道德中最大的秘密是爱。 ——雪莱

没有情感，道德就会变成枯燥无味的空话，只能培养出伪君子。 ——苏霍姆林斯基

实实在在的真理，顶天立地的品格，比什么爵位都高。 ——彭斯

无私是稀有的道德，因为从它身上是无利可图的。 ——布莱希特

驯良之类并不是恶德。但发展开去，对一切事无不驯良，却决不是美德，也许简直倒是没出息。 ——鲁迅

一个人最伤心的事情无过于良心的死灭，一个社会最伤心的现象无过于正义的沦亡。 ——郭沫若

在只能说谎与沉默两者之间选择，沉默也是好的。 ——何其芳

社会

每个时代都是一个谜，这个谜非得要到未来才能
解开。 ——鲁道夫·冯·耶林

任何时代，未来都是江湖骗子的照妖镜。 ——塞涅卡

新的社会是信息社会，也是智力和知识社会。 ——托·富勒

我们把世界改变得如此之多，以至为了能够在这
个新的世界上生存，我们现在必须改变自己了。 ——诺伯特·维纳

人不能孤独地生活，他需要社会。 ——歌德

在新秩序下接管旧关系，没什么比这更难做，执
行时更危险，成功也更不确定的了。 ——马基雅维利

永远不要怀疑致力于改变世界的一小群人的力
量，事实上正是他们改变了世界。 ——玛格丽特·米德

社会就是书，事实就是教材。 ——卢梭

社会要求人克制本能。 ——巴尔扎克

社会是一个泥坑，我们得站在高地上。 ——巴尔扎克

社会偏见屡见不鲜，它长得如此硕壮，即使它的 ——马塞尔·埃梅
受害者也很快就把它看作理所当然的事情。

享有特权而毫无力量的人是废物，受过教育而无 ——洛克菲勒
影响的人是一堆一文不值的垃圾。

假如社会不重视个人的价值，那就等于赋予个人 ——高尔基
以敌视社会的权利。

如果我们把每个人的不幸堆一堆由大家均分，大 ——苏格拉底
多数人都甘愿接受一份，欣然离去。

进入一个角色，我们顿时就像一个球一样滚动起 ——海涅
来，而且从此再不停歇。

社会不会无缘无故地厚待一个人，除非他自己向 ——罗曼·罗兰
社会证明，他值得社会对他厚待。

人的思维应当开放，应当面向自己所属的世界， ——科恩
但是又不应当盲目从众，人云亦云，因为一个社
会如果无个性就会变成蚁群。

这个伟大的世界永远旋转，不断地改变陈规。 ——丁尼生

一个人必须面向未来，想着要着手做的事情。但这并不容易做到。一个人的过去是一种日益加重的负担。 ——罗素

社交的乐趣才是生活的根本。 ——莫洛亚

个人离开社会不能得到幸福，正如植物不能离开土地，而被扔到荒漠上不可能生存一样。 ——列夫·托尔斯泰

你只能从生活里去学习如何生活。 ——纪德

创造人的是自然界，启迪和教育人的却是社会。 ——别林斯基

社交场中的闲逸是令人厌恶的，因为它是被迫的；孤独生活中的闲逸是快乐的，因为它是自由的、出于自愿的。 ——卢梭

世界上能为别人减轻负担的都不是庸庸碌碌之徒。 ——狄更斯

社会是肉体的世界，自然是灵魂的世界。 ——雨果

在一个国家里，也就是说在一个有法律的社会里，自由仅仅是：一个人能够做他应该做的事情，而不被强迫去做他不应该做的事情。 ——孟德斯鸠

在个人跟社会发生任何冲突的时候，有两件事必须考虑：第一是哪方面对，第二是哪方面强。 ——泰戈尔

那些仅仅循规蹈矩过活的人，并不是在使社会进步，只是在使社会得以维持下去。 ——泰戈尔

谢谢火焰给你光明，但是不要忘了那执灯的人，他是坚忍地站在黑暗当中呢。 ——泰戈尔

我必须承认，幸运照顾勇敢的人。 ——达尔文

整个社会由于科学迅速发展得到的好处得以弥补其所造成的损害。 ——斯坦普

小人物在社会中是一种必要的调剂。这类角色是极端令人愉快的，甚至会受人宠爱，如果他们满足于自己不得不扮演的角色。 ——赫兹里特

凡人以自己如何适应既定社会为天职，而天才则开拓适合于自己的社会。 ——长与善郎

社会即学校。 ——陶行知

自己无论怎样"进步"，不能使周围的人们随着进步，这个人对于社会的贡献是极有限的，甚至可以说是等于零的！ ——邹韬奋

所谓活下来"四平八稳"的人物，生存时自己无所谓，死去后他人对之亦无所谓。但有一点应当明白，即"社会"一物，是有这种人支持的。　　——沈从文

天下的夫妇，虽然每一对都不相同，但是只有两件事情是婚后必须面临的：第一件是赚钱，第二件是吃饭。　　——三毛

野蛮社会，体力可以统御财力和智力；资本社会，财力可以雇用体力和智力；信息社会，智力可以整合财力和体力。　　——牛根生

行为

·※·

要想在这个世界上成功地做某事，就必须像已经
成功了那样去做。

——罗斯福

我以为，克制自己欲望的人比战胜敌人的人更勇
敢，因为征服自我是最艰难的。

——亚里士多德

哪怕对自己的一点小小的克制，也会使人变得强
而有力。

——高尔基

一个人为情感所支配，行为便没有自主之权，而
受命运的宰割。

——笛卡尔

谁害怕未来，谁就不能好好地对待现在。

——罗塔尔·施密特

他们每次都错过最佳的行动时机，还美其名曰
"顺其自然"。

——伊曼努尔·盖伯尔

除了行动，什么都是谎言。只有行动才不是撒谎。不管什么人，只有根据他们的行为来判断他们！　　——罗曼·罗兰

一个人只要行为高尚，不管怎样无知也会得到原谅的。　　——巴尔扎克

人类总是爱和自己闹对立的，他用自己目前的痛苦哄骗自己的希望，又用并不属于自己的前程，来欺骗目前的痛苦，人类的一切行为，无不打上自相矛盾和软弱的烙印。　　——巴尔扎克

从一个单一而富有特点的行动中，可能获得对一个人性格的精确认识。　　——叔本华

如果说邪恶的行为只需在另一个世界赎罪，那么愚蠢的行为在这个世界必须偿债。　　——叔本华

行动往往胜于雄辩。　　——莎士比亚

口头的推测不过是一些悬空的希望，实际的行动才能够产生决定的结果。　　——莎士比亚

真正的爱情是不能用言语表达的，行为才是忠心的最好说明。　　——莎士比亚

没有行动的言论是渺小的空洞的言论。　　——狄摩西尼

行动不一定每次都带来幸运，但坐而不行，一定无任何幸运可言。 ——伊萨克·狄斯里犁

行为是一面镜子，在它面前，每一个人都显露出各自的真实面貌。 ——歌德

人的感情和行为千差万别，正如在鹰钩鼻子与塌鼻子之间，还可能有各式各样别的鼻子。 ——歌德

坏事情一学就会，早年沾染的恶习，从此以后就会在所有的行为和举动中显现出来，不论是说话或行动上的毛病，三岁至老，六十不改。 ——克雷洛夫

在一切日常事务中，非常需要坚强果决的行动。 ——高尔斯华绥

太过重视行为规则与拘泥形式，以致在事业上坐失良机，那损失是很大的。 ——培根

德可以分为两种：一种是智慧的德，另一种是行为的德。前者是从学习中得来的，后者是从实践中得来的。 ——亚里士多德

如果你想升高，有两件事，那就是你必须是鹰或爬行动物。 ——巴尔扎克

其实假装的爱情比真实的爱情还要完美，这就是为什么很多女人都受骗了。 ——巴尔扎克

如果你不比别人干得更多，你的价值也就不会比别人更高。 ——塞万斯

你知道得很多，但如果你不善于把你的知识用于你的需要，那就没有什么用处。 ——彼特拉克

无忧无虑才是真正最危险的事。 ——霍华德·马克斯

那种一味期待而从不行动的人们，是滋生瘟疫的温床。 ——布莱克

优柔寡断是会传染的，它能使整个组织感染上这种病，引起人们犹豫不决，失去信心，甚至造成混乱。 ——比尔·盖茨

不要总是待在温室里，要亲自去经历世界上的各种新鲜事态，从中锻炼自己，在困难中悟出真理。 ——池田大作

必须和社会现实接触，使所读的书活起来。 ——鲁迅

猛兽是单独的，牛羊则结队。 ——鲁迅

理是可以顿悟的，事非脚踏实地去做不行。 ——夏丏尊

感叹是弱者的习气，行动是强者的性格。 ——刘吉

品格

不要以恶报恶，而是要忍耐和宽容，人天生就要
忍受一切，这就是人的义务。 ——马可·奥勒留

每个人身上都有某种别人身上没有的珍贵的东西。 ——马丁·布伯

一个人高贵与否，不在于他占有什么，甚至也不
在于他做些什么，而在于他有什么样的品质。 ——阿米尔

人生的四分之三为品行，其一分则属于礼貌。 ——安诺尔

我们劳苦的最高报酬，不在于我们所获得的，而
在于我们因此成为什么。 ——洛克菲勒

不同的品格导致不同的兴趣爱好。 ——西塞罗

人的品格总会让别人知道。哪怕最诡秘的言行，最不可告人的目的，也能反映出一个人的品格。 ——爱默生

品格是一种内在的力量，它的存在能直接发挥作用，而无须借助任何手段。 ——爱默生

对一个尚未成熟的少年来讲，坏的伙伴比好的老师起的作用要大得多。 ——伊索

希望你不要过双重人格的生活，故意把自己装扮得十全十美或十恶不赦都是虚伪的。 ——王尔德

如果一个人自己具有某种品质，就具备对那种品质的鉴赏力。 ——狄更斯

心眼不多，可是品格端正的人，倒经常能看穿最狡猾的骗子的诡计。 ——歌德

儿童第一步走向邪恶，大抵是由于他那善良的本性被人引入歧途的缘故。 ——卢梭

一方面能足够强健地承受，另一方面又能保持清醒的品质，正是一个拥有一颗完善的、不可战胜的灵魂的人的标志。 ——马可·奥勒留

在任何组织，权力是一个不停变换的商品。忠诚也一样。 ——列奥·B.赫尔策

一个掌握了权力的朋友就等于一个你已经失去了 ——亚当斯
的朋友。

谦虚是在意识到了自己的力量以后才能具有的一 ——保罗·塞尚
种品质。

人品是最高的财富，而知识则是最宝贵的财富。 ——高尔基

人品是一种力量，它可以抵消无穷的智慧和才能。 ——林肯

对一切事情都喜欢做到准确、严格、正规，这些 ——契诃夫
都不愧是高尚心灵所应有的品质。

假如你的品德十分高尚，莫为出身低微而悲伤， ——萨迪
蔷薇常在荆棘中生长。

品性是一个人的内在，名誉是一个人的外貌。 ——莎士比亚

说谎话的人所得到的，就只是即使说了真话也没 ——伊索
有人相信。

如果你的道德观念令你消沉，那它们就一定是错 ——史蒂文生
误的道德观念。

最爱发牢骚的人就是没有能力反抗，不会或不愿 ——高尔基
工作的人。

庸庸碌碌、心安理得地过下去是不道德的。而自
动从战斗中退缩的人则是一个懦夫。

——罗曼·罗兰

使自己快乐也使他人快乐，别伤害自己也别伤害
他人，我以为这就是伦理学的全部意义。

——尚福尔

顺境的美德是节制，逆境的美德是坚忍。

——培根

读那么多书干什么呢？就是在紧要关头，可以凭
意志维持一点自尊：人家不爱我们，我们站起来
就走，不作无谓的纠缠。

——亦舒

一个女子没有经济能力，才会万劫不复。记住，
勤奋工作，努力节蓄。

——亦舒

自我

---·❋·---

我应该是富翁，我没有权利当穷人。 ——洛克菲勒

我就是我最大的资本！我唯一的信念就是相信
自己。 ——洛克菲勒

有太多的人高估他们所欠缺的，却又低估了他们
所拥有的。 ——洛克菲勒

一个人只有自己依靠自己，他才不会让自己失
望，并能增加自己控制命运的机会。聪明人只会
去促使事情发生。 ——洛克菲勒

一个人不可由他人扶持着站起来，一定要自己站
起来。 ——安托奈那

绝不要去猜测别人的心里在想什么，琢磨别人的心思的人从来都不是幸福的人。每个人都应该关注自己的内心的所思所想，如果连这一点都做不到，那是很可悲可叹的。

——马可·奥勒留

人，不但与别人各异，有时候甚至与原来的自己也迥然有别。

——帕斯卡尔

我们的自我就仿佛河流，虽然始终保留着原来的名字，河里流动着的水却已经变了。

——韦伯

只有改变自己，你才能生存；若想生存，你就必须改变自己。

——云格尔

人是一根有思想的荒草，本性是非常脆弱的。

——巴斯加

真正伟大的个性会将自己的心灵提升到一个任何侮辱都无法触及的高度。

——笛卡尔

有时候人们戴的面具太过完美，日久天长之后，他们也就真的变成他们假扮的那个人。

——毛姆

你要搞清楚自己人生的剧本——不是你父母的续集，不是你子女的前传，更不是你朋友的外篇。

——尼采

我感到难过，不是因为你欺骗了我，而是因为我再也不能相信你了。

——尼采

一个人真正能够了解和欣赏的，到头来还是那些 ——叔本华
与他气味相投的东西。

每个人都必须拥有他自认为应该具有的那种勇气。 ——亚历山大·洪堡

我笑，是因为生活不值得用泪水去面对。 ——显克微支

纵然伤心，也不要愁眉不展，因为你不知是谁会 ——泰戈尔
爱上你的笑容。

人的情绪起落是与他对事实的感知成反比的，你 ——罗素
对事实了解得越少，就容易动感情。

人一旦迷醉于自身的软弱之中，便会一味软弱下 ——米兰·昆德拉
去，会在众人的目光下倒在街头，倒在地上，倒
在比地面更低的地方。

我什么都能抗拒，除了诱惑。 ——王尔德

我不想谋生，我要生活。我没有钱用，但我懒得 ——王尔德
去挣。

活着是世界上最罕见的事，大多数人只是存在， ——王尔德
仅此而已。

坚持下去，并不是我们真的足够坚强，而是我们 ——丘吉尔
别无选择。

处世篇

一个人的性格决定他的际遇。如果你喜欢保持你的性格，那么，你就无权拒绝你的际遇。 ——罗曼·罗兰

任何努力决不落空，或许许多年都会杳无音信；却突然有一天你会发现你的思想已经有了影响。 ——罗曼·罗兰

未来不属于优柔寡断的人，而是属于那些意志坚定、坚持自己做出的决定的人。 ——罗曼·罗兰

我愿意深深地扎入生活，吮尽生活的骨髓，过得扎实、简单，把一切不属于生活的内容剔除得干净利落，把生活逼到绝处，用最基本的形式，简单，简单，再简单。 ——梭罗

最富有的时候，你的生活也是最贫穷的。吹毛求疵的人即便在天堂也能挑出瑕疵。一个安心的人在哪都可以过自得其乐的生活，抱着振奋乐观的思想，如同居住在皇宫一般。犯不着千辛万苦求新，无论衣服还是朋友。把旧的翻新，回到它们中去。万事万物没有变，是我们在变。 ——梭罗

生命并没有价值，除非你选择并赋予它价值。没有哪个地方有幸福，除非你为自己带来幸福。 ——梭罗

凡是让人幸福的东西，往往又会成为他不幸的源泉。 ——歌德

我的自我感觉不差，体重没有减轻，对未来我充　——契诃夫
望希望。天气好极了。钱几乎没有。

如果你渴望得到某样东西，你得让它自由，如果　——大仲马
它回到你身边，它就是属于你的；如果它不会回
来，你就从未拥有过它。

为了始终做我们自己，我们必须做出改变。　——赫尔曼·西蒙

"你会见到，将来我是一事无成。"很轻松，完璧　——木心
归赵似的。

没有自我的人的自我感觉都特别良好。　——木心

无知的人总是薄情的。无知的本质，就是薄情。　——木心

面具戴太久，就会长到脸上，再想揭下来，除非　——鲁迅
伤筋动骨扒皮。

一个做太太的，先拿了丈夫的心，再拿他的薪　——三毛
水，控制他的胃，再将他的脚绑上一条细细的长
线放在她视力所及的地方走走；她以爱心做理
由，像蜘蛛一样地织好了一张甜蜜的网，她要丈
夫在她的网里面唯命是从；她的家也就是她的城
堡，而城堡对外面的那座吊桥，却再也不肯放下
来了。

人间也没有永远。我们一生坎坷，暮年才有了一个可以安顿的居处。但老病相催，我们在人生道路上已走到尽头了。

——杨绛

人有时候只想独自静静地待一会儿。悲伤也成享受。

——史铁生

我想过上一种不被闹钟吵醒的生活。

——余华

如果真有一个人，人人都说他好，这个人很可能是一个极端圆滑的人，圆滑到琉璃球又能长上脚的程度。

——季羡林

对春花、秋月、夏雨、冬雪，对友谊，对人间一切美好的事情，我仍然是非动真感情不行的。对我来说，这是一件天大的事。

——季羡林

我对自己的要求很低：我活在世上，无非想要明白些道理，遇见些有趣的事。倘能如我愿，我的一生就算成功。

——王小波

我认为低智、偏执、思想贫乏是最大的邪恶。

——王小波

这个世界自始至终只有两种人：一种是像我这样的人，一种是不像我这样的人。

——王小波

大家都愿意盲从，好像世上最安全的事就是让自己消失在"多数"之中。

——李娟

商业篇

财富永远流向
匹配它的人

事业

要成就伟大的事业，必须且只能有少数几个人，
其他的众人只是被召集起来，我们可以将之称为
说服或者支配。

——利希滕贝格

伟人只在事业上惊天动地，他时常不声不响地深
思熟虑。

——克雷洛夫

如果你想永远做个雇员，那么下班的汽笛吹响
时，你就可以暂时忘掉手中的工作；如果你想继
续上进，去开创一番事业，那么汽笛仅仅是你开
始思考的信号。

——亨利·福特

不要在已成的事业中逗留着！

——巴斯德

那些年纪轻轻就取得巨大成就的人，通常看起来
比他们的实际年龄要老。

——赫尔曼·西蒙

一个人只有以他全部的力量和精力致力于某一种事业时，才能成为一个真正的大师。 ——爱因斯坦

事业是一切，名声是虚幻。 ——歌德

今天所做之事，勿候明天；自己所做之事，勿候他人。要做一番伟大的事业，总得在青年时代开始。 ——歌德

只有那些有信念的人才能让别人信服。 ——约瑟夫·儒贝尔

你视为巅峰的，其实只是台阶的一级而已。 ——塞涅卡

这个世界给我们提供的最好的东西是对另一个世界的渴望。 ——马丁·凯瑟尔

一个人的真正的伟大体现在三个方面：策划时大气磅礴，行动时充满人性，成功时不骄不躁。 ——俾斯麦

三流的点子加一流的执行力，永远比一流的点子加三流的执行力更好。 ——孙正义

即便是世界上最伟大、最壮丽的事业，兴许也常常需要瘦弱的手去扶掖。 ——斯宾塞

对什么都有兴趣的人是讨人喜欢的。但是干事业，就应在一定的时间内，专心致志于一个目标。 ——莫洛亚

事业是栏杆，我们扶着它在深渊的边沿上走路。 ——高尔基

一切伟大的事业，或者是说一切大事，都是由小事组成的。 ——高尔基

缺乏对事业的热爱，才华也是无用的。 ——尼柯拉耶维奇

在事业上为了获得成功，并没有什么十全十美的方式，如果要说有的话，可从拼图游戏的经验中，被证明为众所周知的基本原则有两三条，具有果断力就是其中之一。 ——切斯特菲尔德

大多数人想要拥有自己的事业有三个理由：第一，赚钱，同时品尝伴随金钱而来的喜悦；第二，不想接受他人的支配；第三，在主持事业时感到非常兴奋和挑战性。 ——切斯特菲尔德

表示惊讶，只需要一分钟；要做出惊人的事业，却要许多年。 ——爱尔维斯

人必有一个无法放弃、无法搁下的事业，才能变得无比坚强。 ——车尔尼雪夫斯基

一个注意小事情的人，永远不会成功大事业。 ——卡耐基

事业像人一般，是一种有机体，除了创业人自己的以外，还能吸引别人的思想和精力。而且事业雇佣年轻人，也使事业和年轻的力量联合了起来，即使创业人的精力、智能都在消逝，这些力量还能维持事业的生存。

——德莱塞

不经巨大的困难，不会有伟大的事业。

——伏尔泰

凡献身于一种事业的人，就会从那里找到一个向导、一个支柱、一个仿佛能规定他胸内心跳的调整器。

——左拉

不会做小事的人，也做不出大事来。

——罗蒙诺索夫

从不抛头露面的人能干成大事业。

——塔西佗

敢于开创伟大的事业，赢得光荣凯旋的人，即使要经受失败的考验，也比那些既不遭受什么风险，也享受不了什么欢乐的可怜虫要好得多。

——罗斯福

宏伟的事业，只有靠着实实在在的微不足道的一步步的积累，才能获得成功。

——稻盛和夫

不论从事什么事业，都能打破现状。安于现状就是退步，自以为现状已经很好，就无法再突破。不求发展，明日就会失败，必须不断破坏现状，而后才能创出新的天地。

——坪内寿夫

商业篇

人生为一大事来，做一大事去。　　　　　　——陶行知

一个人自己不能控制自己，不能支配自己，却让社会习气造成的机会左右安排，这就是个不配活下去也不可能在事业上成功的人。　　　——沈从文

由预想进行于实行，由希望变为成功，原是人生事业展进的正道。　　　　　　　　　　——丰子恺

只有初恋般的热情和宗教般的意志，人才有可能成就某种事业。　　　　　　　　　　　——路遥

如果你喜欢一只蝴蝶，千万不要去追它，因为你追不上，你应该去种花种草，等到春暖花开的时候，蝴蝶自然会飞回来，如果你喜欢的那只蝴蝶没有回来怎么办？你有了花草，阳光雨露，你有了独特的魅力，那只蝴蝶没有飞回来，但是其他的蝴蝶飞来了，比他更好，更优秀，更漂亮。这就叫花开蝶自来，爱情如此，生活如此，事业亦如此……　　　　　　　　　　　　　　——摘自网络

创业

创业只是开始，守业才是进步，合作才是成功。 ——亨利·福特

我的信念是抢在别人之前达到目的。 ——洛克菲勒

借口是制造失败的根源。 ——洛克菲勒

永远不能让自己的个人偏见妨碍自己的成功。 ——洛克菲勒

借钱是为了创造好运。 ——洛克菲勒

我们追求完美，但是人类的事情没有一件绝对完 ——洛克菲勒
美，只有接近完美。等到所有条件都完美以后
才去做，只能永远等下去，并将机会拱手让给
他人。

创业等于发现机会和调动资源。 ——斯蒂芬·P.罗宾
斯、玛丽库尔特

只有偏执狂才能生存。 ——安迪·格鲁夫

糟糕的公司被危机摧毁，好公司在危机中生存，
伟大的公司在危机中变得更好。 ——安迪·格鲁夫

事业常成于坚韧，毁于急躁。 ——萨迪

第一代人创造财富，第二代人管理财富，第三代
人学习艺术史，第四代人穷困潦倒。 ——俾斯麦

创事业者，需要有大刀阔斧的魄力、众醉独醒的
精神，潮流影响不了他，风气麻醉不了他。 ——罗曼·罗兰

等待的方法有两种：一种是什么事也不做空等，
一种是一边等一边把事业向前推动。 ——屠格涅夫

别人认为你干不成的事，你干成了，这就是人生
最大的乐趣。 ——白哲特

创新就是创造一种资源。 ——彼得·杜拉克

业务机会就像公交车一样，总有下一辆在路上。 ——理查德·布兰森

停泊在港口的船是安全的，但船不是为此而
造的。 ——约翰·A.谢德

我没有失败，我只是发现了一万个行不通的方法。 ——爱迪生

不能等别人为你铺好路，而是自己去走，去犯错，而后，创造一条自己的路。

——罗伯特

创建公司时，你必须坚信，任何问题都有一个解决办法。而你的任务就是找出解决办法，无论这一概率是十分之九，还是千分之一，你的任务始终不变。

——本·霍洛维茨

挣扎是你认为自己不应该当公司CEO时的状态，是你明知自己力不从心、明知无人能取代你时的状态，是所有人都认为你是白痴却没有人会炒你鱿鱼的状态，是自我怀疑变成自我憎恶时的状态。

——本·霍洛维茨

商业篇

不能忍受寒风，就不可能在巅峰上有所收获。

——佚名

初创公司的首席执行官名义上是百万富翁，手里却没有现金。他们有时愚不可及，有时魅力四射。

——彼得·蒂尔

我认为做一个经营者有一个不可或缺的条件，那就是有经营兴趣。

——比尔·盖茨

在任何行业中，走向成功的第一步，是对它产生兴趣。

——威廉·奥斯勒爵士

创新的第一步是把可能变为现实，接着机会自然会出现。

——埃隆·马斯克

当事情变得足够困难，只有疯狂的人才会坚持下去。

——埃隆·马斯克

最大的风险是不愿意冒任何风险。

——马克·扎克伯格

商业是战争。我去做的是赢。

——凯文·奥利瑞

苦难不会没完没了，当然幸运也不会永远持续。得意时不忘形，失意时不消沉，每天每日勤奋工作，这比什么都重要。

——稻盛和夫

没有人能够保证我们的未来。即使目前公司的业绩优秀，那也是过去努力的结果，谁也无法预测将来会怎样。

——稻盛和夫

在创业时期中必须靠自己打出一条生路来，艰苦困难即此一条生路上必经之途径，一旦相遇，除迎头搏击外无他法，若畏缩退避，即等于自绝其前进。

——邹韬奋

聪明才智往往靠不住，真正要干出一番事业，得靠自己顽强的意志。

——张之俭

一个人再有本事，也得通过所在社会的主流价值认同，才能有机会。

——任正非

企业发展就是要发展一批狼。狼有三大特性：一 ——任正非
是敏锐的嗅觉；二是不屈不挠、奋不顾身的进攻
精神；三是群体奋斗的意识。

优秀的公司赚的是利润，卓越的公司赢的是 ——雷军
人心。

如果你真的把自己的修为提高了，就会发现其实 ——樊登
没钱的公司是绝大多数，大量的公司是在生死
线上挣扎过来的，只有自己的心态好，不离开牌
桌，才能够有机会活得更长，最后赚到钱。

唯一限制我们的是我们的想象力。 ——樊登

商业篇

管理

————— ❖ —————

未来公司拥有的唯一竞争优势就是其管理者的学 ——阿里德·格斯
习能力快于他们的竞争对手。

只有那些你不熟悉的企业才是管理得好的企业。 ——范德斯密特

现代管理最主要的任务是应付变化。 ——卡斯特

如果你是老板，而你的员工在认为你错了的时候 ——罗伯特·汤森
会公开对抗你，那是一种健康的表现。

管理他人就意味着知道他人想要什么。 ——托马斯·艾尔温

所谓风格，我的理解就是能把复杂的事情说得很 ——让·科克托
简单，而不是相反。

别雇用任何一个你不能解雇的人。 ——列奥·B.赫尔策

一个聪明人必须足够聪明到能够雇用比他自己聪明得多的人。

——肯尼迪

那些低于平均水平的人具有能够被最大限度地合理化的潜力，但要做到这一点需要勇气和恒心。

——赫尔曼·西蒙

管理就是决策。

——赫伯特·西蒙

最大的危险是雇用一些比自己还差劲的人。多数人都面临着这样的危险。

——赫尔曼·西蒙

启发人们的干劲的唯一可能的途径是沟通。

——李·艾科卡

以爱为凝聚力的公司比靠畏惧维系的公司要稳固得多。

——赫伯·凯莱赫

曾经有人要我说出我在多年管理工作中总结出的最有效的一种管理手段，我的答案是：定期进行一对一的会谈。

——安德鲁·格鲁夫

管理是一种工作。因此管理有其技能、有其工具，也有其技术。

——德鲁克

知识工作不能用数量来衡量，也不能用成本来衡量。衡量知识工作主要应看其结果，而不是看机构的规模有多大或管理工作有多繁杂。

——德鲁克

管理的基本任务是要使人更有效率。 ——德鲁克

管理者经常受到种种压力，迫使他不得不花费一些时间在非生产性的和浪费时间的事务上。身为管理者，不管他是不是经理人，总有许多时间耗在毫无贡献的工作上。 ——德鲁克

有效的管理者都知道一项决策不是从搜集事实开始的，而是先有自己的见解。 ——德鲁克

管理的最基本任务是通过为人们设置一些共同的目标和价值观，给人们建立组织结构与持续学习和发展的可能性，并由此带领人们进入一种集体取得成绩的状态。 ——德鲁克

创造性模仿不是人云亦云，而是超越和再创造。 ——西奥多·莱维特

我从来都不能事先挑选出高素质的员工，然而我已经学会了如何去剔除那些素质差的平庸之辈。 ——拉蒙纳·E.F.阿尼特

我们能够借助信息高速公路和卫星跨越几千公里的距离，却跨不过通往我们的同事、员工和领导的那条走廊。 ——米歇尔·雷克

能用他人智慧去完成自己工作的人是伟大的。 ——旦恩·皮阿特

用人不在于如何减少人的短处，而在于如何发挥人的长处。 ——彼得·杜拉克

官僚主义者总爱发牢骚，他们是一事无成的人。　　——汉斯·卡斯贝尔

官僚主义就是一台由侏儒操作的巨大机械装置。　　——巴尔扎克

每句话都曾经有人说过，但是并非每个人都说过。　　——卡尔·瓦伦丁

给5000个人写封信很容易，难的是坐下来，花上几个小时的时间，倾听他们的烦恼和担忧。　　——帕西·巴尼维克

主管们想方设法给员工打高分，这样他们就能买到员工的合作，不失主管的"面子"，这是常见的事。　　——罗莎贝丝·M.康特

一个公司要发展迅速，得力于聘用好的人才，尤其是需要聪明的人才。　　——比尔·盖茨

微软离破产永远只有18个月。　　——比尔·盖茨

合作是一切团队繁荣的根本。　　——大卫·史提尔

一个不同寻常的好的经理人，其不同寻常的成分常常是多于好的成分的。　　——赫尔曼·西蒙

对经理人来说，远识要好过短视。　　——赫尔曼·西蒙

管理意味着带领别人去做他们自己做不到的事。　　——赫尔曼·西蒙

必须把原则举得高一点，以便在必要的时候能从 ——米歇尔·霍尔拉赫
它的下面钻过去溜走。

员工培训是企业风险最小、收益最大的战略性 ——沃伦·贝尼斯
投资。

公司是不会停滞不动的，它要么成长，要么衰落。 ——亨利·B.沙赫特

所有杰出的管理都源于一个卓越的想法。 ——罗伯特·海勒

没有商品这样的东西。顾客真正购买的不是商 ——特德·莱维特
品，而是解决问题的办法。

企业未来的竞争，就是细节的竞争。 ——布鲁诺·蒂茨

将合适的人请上车，不合适的人请下车。 ——詹姆斯·柯林斯

企业最大的资产是人。 ——松下幸之助

企业管理过去是沟通，现在是沟通，未来还是 ——松下幸之助
沟通。

一个伟大的企业，对待成就永远都要战战兢兢， ——张瑞敏
如履薄冰。

组织

现代公司必须是一个善于学习，而不是善于知道　——《财富》杂志
的组织。

个人意志天生追求卓越，而集体意志则追求平等。　——卢梭

大企业滋生官僚主义和官僚，就像大政府一样。　——T.K.奎因

组织的存在是让平凡的人能够去做不平凡的事。　——西奥多·列维特

监事会在好年头是无用的，在坏年头是无助的。　——霍斯特·施密茨

委员会是一个无准备者的团体，是由那些不情愿　——弗莱德·艾伦
的人任命的，以便他们去做一些不必要的事情。

最优秀的委员会没有成员。　——诺曼·R.奥古斯丁

假设不团结，任何力量都是弱小的。　　　　——拉封丹

今天的世界并没有比过去变得更复杂。只是有更　　——赫尔曼·西蒙
多人用复杂的方式谈论它。

大多数公司都是因为某些人的好意而变得复杂。　——赫尔曼·西蒙

两个强者之间的战略联盟是少见的。　　　　　　——赫尔曼·西蒙

每一个组织都有一个游戏规则。公司不是朋友圈　——赫尔曼·西蒙
子，而是一个商业活动。

单个的人是软弱无力的，就像漂流的鲁滨孙一　　——叔本华
样，只有同别人在一起，他才能完成许多事业。

理想的状况是，把好些干扰一线工作人员，妨碍　——帕西·巴尼维克
他们做更加重要的工作的员工人数降至最低。

最后的10%会产生三分之一的问题。　　　　　　——诺曼·R.奥古斯丁

人们塑造组织，而组织形成后就换为组织塑造我　——丘吉尔
们了。

在传统的组织结构中，员工只发挥出他们全部效　——汉斯·尤尔根·瓦尔内克
率潜能的10%～20%。

大企业要比小企业更少创造力，因为大企业经常试图通过雇用一个新人而不是通过思考去解决下一个问题。

——哈拉尔德·尤根森

彼得原理：在等级制度中，每个雇员都想升迁到丧失能力的位置。

——劳伦斯·J.彼得

会议时间的长短是以出席人数的平方值计算的。

——艾琳·沙纳汉

即使是最好的儿童，如果生活在组织不好的集体里，也会很快变成一群小野兽。

——马卡连柯

在所有人的想法都一样的地方，一定没有人做过足够的思考。

——沃特·李普曼

同盟中的伙伴不是相互拥抱而是并肩前进，这样的同盟才能维持得最久。

——麦柯尔姆·马格里奇

成功的经理人员在确定组织和个人的目标时，一般是现实主义的。他们不是害怕提出高目标，而是不让目标超出他们的能力。

——亨利·艾伯斯

我相信大型机构本身是消极的。它们造就了太多的缓慢、官僚作风、与顾客之间的距离，消磨了人们的积极性，吸纳那些以大型机构为生的人。

——帕西·巴尼维克

商业篇

不管一个人多么有才能，但是集体常常比他更聪明和更有力。 ——奥斯特洛夫斯基

谁若认为自己是圣人，是埋没了的天才，谁若与集体脱离，谁的命运就要悲哀。集体什么时候都能提高你，并且使你两脚站得稳。 ——奥斯特洛夫斯基

扩张意味着复杂，复杂意味着腐朽，或者说越复杂消亡得越快。 ——C.诺斯柯特·帕金森

一个人像一块砖砌在大礼堂的墙里，是谁也动不得的；但是丢在路上，挡人走路是要被人一脚踢开的。 ——艾思奇

个人一旦进入群体中，他的个性就淹没了。群体的思想占据统治地位，而群体的行为表现为无异议情绪化和低智商。 ——古斯塔夫·勒庞

凡是经过考验的朋友，就应该把他们紧紧地团结在你的周围。 ——莎士比亚

一名伟大的球星最突出的能力就是让周围的队友变得更好。 ——迈克尔·乔丹

合作

对于棘手的谈判，要尽可能有两个人同时参加。当其中一个已经开始妥协的时候，另一个还能阻止他。 ——赫尔曼·西蒙

在新的信息社会中，成功的关键因素包括信息、知识、创造力。你只能在一个地方找到这些东西，那就是你的同事那里。良好的人际关系会为你赢得全新的地位。 ——亚伯丁

世界上只有两种聪明人：一种是活用自己的聪明人，例如艺术家、学者、演员；另一种是活用别人的聪明人，例如经营者、领导者。 ——洛克菲勒

朋友间的不和，就是敌人进攻的机会。 ——伊索

单独一个人可能灭亡的地方，两个人在一起可能得救。 ——巴尔扎克

一个人要帮助弱者，应当自己成为强者，而不是和他们一样变成弱者。 ——罗曼·罗兰

真正的效率，是由人的自愿合作产生的。 ——威尔逊

你的敌人和朋友携手合作，才能伤你的心。敌人大肆诽谤你，朋友赶忙传给你听。 ——马克·吐温

共同的事业，共同的斗争，可以使人们产生忍受一切的力量。 ——奥斯特洛夫斯基

在精干的组织里，人的活动空间较大，不至于互相冲突，工作时也不用每次都向别人说明。 ——德鲁克

一位管理者花费在会议上的时间如果过多，便是组织不健全的表现。 ——德鲁克

各路英雄的合作，贵在自动自发，贵在能依循情势的逻辑和任务的需要，而非仅依赖正式的组织结构。 ——德鲁克

不要跟愤世嫉俗和消极悲观的人合作。他们的预言会自我实现。 ——纳瓦尔

如果生意伙伴在跟他人的合作中一味追求短期利益，我就不想跟他们合作了。 ——纳瓦尔

生活中所有的回报，无论是财富、人际关系、爱情、健康、活动，还是习惯，都来自复利。我只想选择值得一辈子深交的伙伴和能获得长期回报的事情。

——纳瓦尔

最好的合作行为，不光能产生良好的人际感情，还能为共同的问题提出共同的解决方案。

——罗伯特·西奥迪尼

几个优秀决策者一起有效合作，效果要显著好于单打独斗的优秀决策者。即使是最优秀的决策者，若是能得到其他优秀决策者的帮助，也能显著提高自己的决策质量。

——瑞·达利欧

我不喜欢和那些需要我下命令的人合作。

——瑞·达利欧

供应商不是我的压榨对象，而是与我携手共赢的合作伙伴。

——查理·芒格

企业家们擅长的是发现机会和抓住机会。他们能够看到潜在的需求，并且知道如何在满足这些需求的同时实现盈利。然而，并非所有的企业家都善于跟人打交道。很多企业家都觉得自己需要找到一个精于人际关系的合作伙伴，以便弥补自身的不足。

——约翰·C.马克斯维尔

对一个优秀领导者来说，一个满脑子官僚主义的合作伙伴是最令人苦恼的。

——约翰·C.马克斯维尔

商业篇

恐惧本能是如此强大，它既能够使全世界的人们跨国合作，也能够使每年4000万架次的安全飞行从我们的视野中消失。

——汉斯·罗斯林

合作失败的人常拆伙，因为彼此责难。合作成功的人，也常拆伙，因为各自居功。直到拆伙之后，发现势单力薄，再回头合作，那关系才变得比较稳固。

——刘墉

一朵孤芳自赏的花只是美丽，一片互相依恃着而怒放的锦绣才是灿烂。

——席慕蓉

自己强行努力，不如在保有自己强处和优势的前提下，向潜在的合作方示弱，借助他们的力量成事。

——冯唐

不要跟自己手下要权术，不要跟周围人要权术，也不要跟自己的领导要权术，更不要跟相关的合作方、相关的利益者要权术。

——冯唐

领导力

我在工作中遵循着一个原则：凡是能让别人替你解决的事情，绝不自己去做。　　——洛克菲勒

要成为领导者，一个人不仅要走在前面，还要有人愿意跟着他走，愿意服从他的领导，并且愿意采取行动去实现他描绘的愿景。　　——约翰·C.马克斯维尔

因为真正的领导力来自一个人的影响力，而影响力是无法被委任的，必须靠自己去赢得。　　——约翰·C.马克斯维尔

有些领导在给员工分配任务时就已经让员工们意识到：他们必须坚信一点，那就是这份工作只能由他来干。　　——君特·F.格罗斯

领导人必须是精神领袖。　　——赫尔曼·西蒙

顶尖经理人并不是因为觉得领导层的工作多么富有吸引力，只是他们更不喜欢底层的工作而已。

——赫尔曼·西蒙

商业中最重要的东西不在课本里。人们可以这样说，越是重要的东西，在课本里提到的就越少。例如商业餐。

——赫尔曼·西蒙

管理层换人越快，公司决策越会上气不接下气。

——赫尔曼·西蒙

历史表明，一个糟糕的学生完全可以成为一个优秀的企业家。然而，这并非意味着，只有糟糕的学生才能成为优秀的企业家，而所有优秀的企业家都是糟糕的学生。

——赫尔曼·西蒙

理性和判断力是领导者必备的素质。

——塔西佗

要么领导他人，要么服从领导，否则请靠边站。

——蒂德·特纳

有人曾经半开玩笑地把经理描绘成这样的人：他得去接待客人，这样其他人才能完成他们的工作。

——亨利·明兹贝格

领袖是被制造出来的，并且常常是被自己制造出来的，不过有一对好父母通常也是很有帮助的。

——沃伦·本尼斯

我们越是缺少领导能力，越渴望能够获得这种能力。

——沃伦·本尼斯

你管理的是事务，但领导的是人。 ——沃伦·本尼斯

领导能力的核心是个性。 ——沃伦·本尼斯

要让将军和队伍保持朝同一方向行进，就需要不停地诱导，在队列中不停争吵——从资金的分配到营销活动到地理上的优劣，无所不包。 ——安德鲁·格罗夫

有两种员工永远成不了大器：一种永远不做你要求他做的事；另一种永远只做你要求他做的事。 ——克利斯多夫·莫利

谁想领导别人，谁就必须是一个实践者和现实主义者。但他说的却必须是理想主义者和预言家的语言。 ——埃里克·霍弗尔

领导者就是一个能带领你到达你自己无法到达的地方的人。 ——朱尔·A.巴克

政治领袖通常是这样一种人：他不能确定究竟是他在领导他的追随者们，还是他的追随者们在推动他。 ——罗塔尔·施密特

如果你期待着别人跟随你走你的道路，那么你就必须担当起领导的重任。 ——赫尔穆特·施密特

所有统治者的压力都很大，因为他们必须设法让人们的行动看起来好像是出于自愿的。 ——威廉·海因泽

商业篇

永远不要告诉别人该怎样做事，只要告诉他们该做什么就行了，他们会用他们的独创性给你一个惊喜的。

——乔治·巴顿

领导是一门艺术，是需要花时间去学习的，而不仅仅是读几本书的事。对领导艺术来说，随机性胜于科学性，编织各种关系胜于搜集各类信息。

——马克斯·德·普雷

在恶劣形势下不能扮演好自己的角色的人，这个角色肯定不合适他。

——君特·弗尔拉特

领导者的速度决定着团队的效率。

——美国谚语

信任所有人和不信任任何人，两者都是错误的。但是，尽管后者可能更安全一些，前者却更值得尊敬。

——塞涅卡

我首要的任务是当催化剂，因为我把各种人和各种形势整合在一起。

——阿尔曼德·哈默

把任务派发下去，这就意味着不再去监督人，而只是监督他们的成果。

——B.C.福布斯

要想经营成功，就要敢于争当第一，与众不同。

——亨利·马尔坎特

企业家们只有在没有订单时才会产生烦恼，其他的时候全都是在生气。

——海因利希·雅克普

你不必在一个行业里当第一，但要比别人更具独
创性。

——保罗·高索曼

企业家本人是其事业最糟糕的维护者。他们是极
端的个人主义者，常常缺乏政治直觉，生来就各
自为政。

——贝特曼

已经在某一领域一统天下的企业很难再有超越自身
的突破。

——乔治·吉尔德

弱者不奋斗。稍强者也许奋斗一个小时。更强者
奋斗数年。但最强者则奋斗一生。这样的人是不
可或缺的。

——布莱希特

商业篇

企业家不是一个可以操纵经济的上流人士俱乐
部。企业家是那些成千上万的、独立经营自己的
企业或者在现代企业中承受多种多样管理任务
的人。

——菲利普·冯·贝特曼

企业家能看到别人看不到的机会，并战胜对新事
物的恐惧。

——布兰柯·魏斯

好的领导者是这样的人：他会凭借准确的直觉挑
选出一些人，让这些人去做他自己想要做的事
情，并且拥有足够的自我控制能力，绝不在他们
做事的时候自己也掺和进去。

——罗斯福

市场

—※—

学会销售，学会构建，两技傍身，势不可当。　　——纳瓦尔

任何一种占领市场的方式都有自己要担忧的问题。　　——曼科尔·奥尔森

人们在市场上互相认识。　　——德国谚语

人们对服务的要求永远是贪得无厌的。　　——阿夫赫尔特

最好的鸟儿吃虫子，最好的虫子被鸟吃。　　——诺曼·R.奥古斯丁

只有一个领导，这就是顾客！它可以让公司里从
董事会往下的每个人睡在大街上——很简单，他
只需要把他的钱支付给其他人即可。　　——山姆·沃尔顿

我们不应该高估资本家的软弱。他们每年都被所
得税搞垮，可他们每一年又都继续存在。　　——安德烈·斯米尔诺夫

钱生钱，生来的钱生更多的钱。　　　　　——富兰克林

他人的利润仿佛就是自己的亏损。　　　　——威廉·布什

商人之间的问候就是抱怨。　　　　　　　——腓尼基谚语

没有什么事是有价值的，除非它打动了顾客。　——爱德加·伍拉德

谁是最佳顾客？就是从来不满意的人，老是提出　——赫尔曼·西蒙
的要求比我们提供的更多的人，是永远制造麻烦
的人。

您的顾客迟早会把你带上路。要么早些，就是成　——米歇尔·雷克
功之路；要么晚些，那就是破产之路。

如果能够耐心地倾听，客户就会向你阐述最本质　——彼特·舒茨
的东西。

没有销售的乐趣毫无意义，但没有乐趣的销售令　——李奥·贝纳
人厌烦。

每一个物品在市场中都转变为最好的价值。　　　——魏茨泽克

我的管理人员必须每月至少见一位有血有肉的　　——莱因霍尔德·维尔特
顾客。

当两个供货商吵架时，顾客会很高兴。　　　　　——赫尔曼·西蒙

可以肯定的是，顾客永远不会缺少问题。只有完
全站在顾客的立场上并帮助他解决难题才能理解
这些问题。因此担心饱和是完全没有理由的。

——艾米尔·昆

如果你不能使你的员工快乐，他就不会让你的顾
客快乐。

——雷德·洛布斯特

他们可以复制我的外形，也可以模仿我，但他
们不能读懂我的思想，我将把他们甩在1.5英里
之后。

——雷·A.科罗克

人们应该去做与竞争对手相反的事情，然而问题
是许多人不知道相反的事情是什么。

——赫尔曼·西蒙

模仿在任何时候，我觉得，都是一件非常有用的
事情。

——利希滕贝格

公司内部的竞争比公司间的竞争还要多，而且更缺
乏道德。

——鲁塞尔·L.阿克夫

正巧去做相反的事也是模仿，是对相反的模仿。

——利希滕贝格

营销太重要了，以至于不能将其全交给营销部门
独自负责。

——戴维·帕卡德

一旦你感到飘飘然的时候，你就开始对市场发号
施令，而不是倾听顾客的声音。

——沃伦·本尼斯

每个企业的演进都背离了质量。它们的产品总是变得更小，质量更差，而价格却更高。 ——安德鲁·鲁尼

在与我们的客户长期打交道的过程中我学到了一点：取得成绩的最重要因素是与其建立一种私人的信任关系，倾听顾客的意见，遵守诺言，专心致志及履行职责，甚至超出职责做更多的事。 ——格哈德·诺伊曼

除了好服务之外，顾客记得更多的，就是糟糕的服务了。 ——美国警句

商业篇

罪恶的金钱排斥干净的金钱。 ——托马斯·格林欣

节约一百万就等于赚了一百万。 ——奥古斯丁

我们真是一个奇怪的民族，我们与机器打交道时笑容满面，但与人打交道时面无表情。 ——罗曼·赫尔佐克

我曾经在超过16年的时间里必须每星期都抽出数天去走访军用或民用客户。所有人都必须受到老板的亲自拜访，否则顾客就会觉得被忽视了。 ——格哈德·诺伊曼

那些我用便宜价格买来的东西经常让我生气；与此相反，我却很少抱怨用高价买来的商品。 ——赫尔曼·西蒙

任何一个傻子都会以降低10％的价格而提高竞争力。 ——帕西·巴尼维克

在地球上没有一种力量可媲美自由市场力量，政府憎恨它是因为无法控制它。 ——沃特·瑞斯顿

缺钱是万恶之源。 ——萧伯纳

要么销售高定价产品，要么销售低定价产品，中等价位的商品没有空间。 ——列奥·B.赫尔策

一个好的名声在瞬间就可以失去；而坏的名声则经年不忘。 ——戈特赫尔夫

销售部并不是整个公司，但整个公司应该是一个销售部。 ——彼特·耶森

大多数旅店都在推销它们根本没有的东西：安静。 ——库尔特·图霍尔斯基

如今被忽视的最重要的管理原则就是不去接近顾客，不去满足他们的需求，不去实现他们的愿望。对太多的企业来说顾客成了捣乱者：其固执的行为使他们缜密的战略计划成为泡影，其行动让他们的电子数据处理变得混乱不堪，此外他们还坚持要让自己所购买的产品必须发挥作用。 ——列弗·杨

财富

一个人的智力和道德水准越高，他发财的成功率
越低。　　　　　　　　　　　　　　　　——庞巴维克

如果你无法承受股票的价格跌至一半，就不要去
购买它。　　　　　　　　　　　　　　　　——巴菲特

随着财富的增加，越来越多的烦恼、欲望和贪婪
也随之产生。　　　　　　　　　　　　　　——贺拉斯

赚钱不是一件想做就能做的事情，而是一门需要
学习的技能。　　　　　　　　　　　　　　——纳瓦尔

要想获得财富，你就必须知道做什么、和谁一起
做、什么时候做。与埋头苦干相比，更重要的是
理解和思考。当然，努力非常重要，不能吝啬自
己的努力，但必须选择正确的方式。　　　　——纳瓦尔

追求财富，而不是金钱或地位。财富是指在你睡觉时仍能为你赚钱的资产。金钱是我们转换时间和财富的方式。地位是你在社会等级体系中所处的位置。　　　　　　　　——纳瓦尔

依靠出租时间是不可能致富的。你必须拥有股权（企业的部分所有权），才能实现财务自由。　　　　　　　　——纳瓦尔

如果你能真的点清你的钱，说明你不是一个真正的富翁。　　　　　　　　——保罗·盖迪

消灭富人并不能帮助穷人。　　　　　　　　——林肯

如果一个人很有钱，在通常情况下这表明他知道如何爱护钱。　　　　　　　　——爱德加·华生·豪

储蓄是一件非常美妙的事情，特别是当你的父母已经为你这样做了的时候。　　　　　　　　——丘吉尔

没有什么像手中频繁交换的现金那样把人和人联系起来。　　　　　　　　——席科特

当你证明你不需要钱时，银行才把钱借给你。　　　　　　　　——马克·吐温

世上痛苦的一半源自对金钱的热爱，另外一半源自对金钱的缺少。　　　　　　　　——美国谚语

真正对我们有用的东西用很少的钱就可以得到。只有那些多余的东西花费得太多。 ——阿克瑟·蒙特

我从未见过哪个真正的大商人把赚钱当作最重要的事情。 ——瓦尔特·拉滕瑙

人们的消费习惯大多取决于他们觉得自己有多富有，而不是他们的现有的实际收入水平。 ——阿瑟·C.庇古

我总是被总统对年度报告的过度乐观的来信搞得厌烦，对我来说，如果他的信中有一点的悲观才是件好事。 ——菲利普·卡雷特

论述金钱要比赚取金钱更容易。 ——伏尔泰

对未来好好计划的商人会致富，不能这么做的商人会破产。 ——罗特施尔德

多挣钱的方法只有两个：不是多卖，就是降低管理费。 ——艾柯卡

不要过分关心你的后代，不劳而获的财富对他们通常是弊大于利的。 ——杰拉尔德·M.勒布

银行是一个在好天气时借给你雨伞而在下雨时就要索回的地方。 ——罗伯特·弗罗斯特

我从来没有穷过，只是曾经身无分文。穷是一种 ——麦克·托德
心态，身无分文是指一种暂时的情况。

典型的现代男人将钱看成是得到更多金钱的工具。 ——罗素

财富为聪明人服务，傻瓜却受其支配。 ——汉斯·夏隆

富裕并不带来文明，而文明产生财富。 ——斯托夫人

日益增长的财富与日益增长的安逸为人类带来 ——迪斯累里
文明。

我蔑视那些没有足够的脑力去填充自己胃的人。 ——布莱希特

聚敛财富也即自寻烦恼。 ——富兰克林

财富并不属于拥有它的人，而属于享用它的人。 ——富兰克林

只有不付账才有可能使自己生活在商人们的记 ——王尔德
忆中。

我绝对相信，在这个世界上，财富绝不能使人类 ——爱因斯坦
进步。

在金钱事务中没有惬意的事情。 ——大卫·汉泽曼

对大多数富人来说，财富的主要作用就是用于炫耀。 ——亚当·斯密

财宝如火，你认为它是最有用的仆人，但转瞬之间它就摇身变成可怕的主人。　　——卡莱尔

金钱就像第六感觉，没有它你就不能完整地利用其他五种感觉。　　——毛姆

贫困固然不方便，但过富也不一定是好事，必须依靠自己的力量，谋生求活。　　——居里夫人

我不想和其他人一样先是用健康去追逐金钱，以后又用金钱去追逐健康。　　——格哈德·库伯切克

一个在金钱上富足的人，还能有心关怀到受困于窘境的穷人，才叫真正的富人。　　——三毛

腰缠万贯是另一种穷。一贫如洗是另一种富。　　——郑渊洁

致富的秘诀，在于"大胆创新、眼光独到"八个大字。　　——陈玉书

用体力赚钱，就老实点；用脑力赚钱，就机灵点；用钱赚钱，就狠一点；用资源赚钱，就圆滑一点。　　——摘自网络

商业篇

智谋篇

智慧比聪明
重要

聪明

没有知识的人终无大用，但有知识的人很可能成为知识的奴隶。　　——洛克菲勒

聪明的人不是具有广博知识的人，而是掌握有用知识的人。　　——埃斯库罗斯

聪明人用自己的后半生去纠正自己前半生的愚昧、偏见和错误的见解。　　——斯威夫特

对最佳智力的测试就是有能力在头脑中同时保持两种相反的意见，并仍然有思考的能力。　　——菲兹杰拉德

人类的天性是理智地思考，不理智地行动。　　——阿纳托尔·法朗士

人是我一生中所遇到的最为美妙的谜。　　——高尔基

每个人犯了错误，都自称是经验。　　　　　　　——王尔德

我们听到的一切都是一个观点，不是事实。我们　　——马可·奥勒留
看见的一切都是一个视角，不是真相。

在一切日常琐事上，聪明不在于知道应该做什　　——列夫·托尔斯泰
么，而在于知道应该先做什么，后做什么。

想得好是聪明，计划得好更聪明，做得好是最聪　　——拿破仑
明，又是最好。

总是不信任如同总是信任一样，是一个错误。　　——歌德

智者向愚人学习的东西，多于愚人向智者学习的　　——蒙田
东西。

每一个人都是一卷书籍，假如你懂得正确读法　　——查宁
的话。

有一本我们许多人乐于阅读而且百读不厌的书，　　——贝赞特
这就是《人书》，每当你与人交谈和交往时，都
可以去翻阅它。

如果我们满足了自己一半的愿望，我们的烦恼就　　——富兰克林
会成倍增加。

好运气只不过是我们的幻想，痛苦才是真实的。　　——伏尔泰

许多人把他们一半的时间花在向往那些不花费自己一半的时间就可以得到的东西。

——伍尔科特

为了不去思考而工作也是一种懒惰。

——艾尔哈特·布兰克

第一眼看上去怯懦，也许是一种聪明。

——让·季奥

善于掩藏自己的精明，就是绝顶精明。

——拉罗什富科

把你的手放在滚热的炉子上一分钟，感觉起来像一小时。坐在一个漂亮姑娘身边整整一小时，感觉起来像一分钟。这就是相对论。

——爱因斯坦

为了休息，我们不知疲倦地工作。

——劳伦斯·斯特恩

在同伴面前，切不可显得你比别人聪明博学。

——切斯特菲尔德

乐观主义者认为我们所生活的时代是最好的，而悲观主义者则害怕这是真的。

——卡贝尔

年轻人都忽视后果，而这正是他们的强项。

——马丁·凯瑟尔

只有聪明人才能识别聪明人。

——第欧根尼

20岁时没有自由就相当于没心，40岁时不保守相当于无脑。

——丘吉尔

人们必须保持年轻，以便做大事。 ——歌德

在聪明人之中，最聪明的人知道自己懂得最少；在蠢人之中，最蠢的人认为自己懂得最多。 ——格瓦拉

自我奋斗获得成功的人常犯一个错误：太崇拜自己了。 ——科恩

我们为承认小错误而骄傲，这使我们感觉自己并没有犯大错误。 ——鲁尼

聪明适用于一切，却不能满足一切。 ——阿米尔

为了使自己温和、宽容、聪明及理智，必须拥有属于自己的那份强硬。 ——彼得·乌斯蒂诺夫

拥有大量想法的人不一定聪明，正如拥有大量士兵的将军不一定英明。 ——尚福尔

完全独立的人才能做到没有任何看法。 ——克莱斯海默

好的主意是昂贵的，但并非每一个昂贵的主意都是好的。 ——卡尔-奥托·珀尔

聪明睿智的特点就在于，只需看到和听到一点，就能长久地考虑和更多地理解。 ——布鲁诺

聪明人通过别人的错误学习，愚人则通过自己的
错误学习。

——博恩

贫穷而又独立，这几乎是不可能的。

——威廉·柯贝特

对于别人的事，大家都聪明；对于自己的事，谁
也不聪明。

——爱默生

睁开两只眼睛的人在生活中有些事情是幸福的；
但是那些懂得闭上一只眼睛的人更幸福。

——歌德

对自己忠诚，对别人就不可能总是忠诚的。

——莫根斯特恩

越是不思考的人，越不愿倾听别人说话。

——村上春树

年龄一大，相信的东西就越来越少。

——村上春树

知道你不知道什么事情比聪明人更有用。

——查理·芒格

我总是与某些人保持距离，他们对问题并不真正
理解，但回答问题时却信心满满。

——查理·芒格

聪明的人毫无例外都因为过度自信而在职业领域
遭遇过重创。

——查理·芒格

聪明人是只想支配自己，不想支配别人的。

——郭沫若

智慧

智慧之书的第一章，也是最后一章，就是天下没有白吃的午餐。 ——洛克菲勒

智慧是教不出来的，只有我们通过自身的经历去发现，没有人可以分担，任何人也不能代劳。 ——阿兰·德波顿

思考时，要像一位智者；但讲话时，要像一位普通人。 ——卡耐基

有些女子的见识就寓于容貌之中，她们所有智能在眸子里闪动。 ——爱德华·杨格

人在二十岁，意志支配一切；三十岁，机智支配一切；四十岁，判断支配一切。 ——富兰克林

一个人退到任何地方，都不如退入自己的心灵更为宁静。 ——马可·奥勒留

精神健康的人，总是努力地工作及爱人，只要能
做到这两件事，其他的事就没有什么困难。 ——弗洛伊德

即使一个人天分很高，如果不艰苦地操劳，不仅
不会做出伟大的事业，就是平凡的成绩也不会
得到。 ——柴可夫斯基

那些许诺我们人间天堂的人除了地狱什么都没有
搞出来。 ——卡尔·波普尔

没有智慧的头脑，就像没有蜡烛的灯笼。 ——列夫·托尔斯泰

即使是一个智慧的地狱，也比一个愚昧的天堂好些。 ——雨果

他不在自己的所有中寻求快乐，却在别人的所有
中寻求痛苦。 ——罗素

聪明人永远拒绝不需要的东西。 ——贺拉斯

人类的智慧就是快乐的源泉。 ——薄伽丘

智慧素以千眼观物，爱情常以独目看人。 ——高尔基

优雅是上帝的礼物，而智慧则是天赐的机遇。 ——兰格伦

记忆力并不是智慧，但没有记忆力还成什么智
慧呢？ ——哈柏

智慧有三果：一是思虑周到，二是语言得当，三是行为公正。 ——德谟克利特

真正的智慧是知道那些最值得知道的事情，而且去做那些最值得做的事情。 ——汉弗莱

智慧不是死的默念，而是生的沉思。 ——斯宾诺莎

孩子害怕黑暗，情有可原；人生真正的悲剧，是成人害怕光明。 ——柏拉图

智慧的标志是审时度势之后再择机行事。 ——荷马

人们追求智慧是为了求知，并不是为了实用。 ——亚里士多德

思想是会享用它的人的财产。 ——爱默生

智慧的可靠标志就是能够在平凡中发现奇迹。 ——爱默生

你可以碰到上千个学者，但不一定碰上一个智者。 ——克林凯尔

凡是没有实际经验的，都只是口头智慧。 ——菲利普·锡德尼

当智慧无力驾驭知识时，知识便如一匹倔强的马掀翻它的骑士。 ——夸尔斯

把所有的愚昧淘尽，会看到沉在最底下的智慧。 ——贝尔纳

智谋篇

真知灼见，首先来自多思善疑。 ——洛克威

所有人的智能加在一起也不能帮助一个没有自己 ——拉布吕耶尔
智能的人，正如失去视力的人不能用周围的人的
视力来弥补自己的缺陷一样。

智慧是对一切事物产生的原因的领悟。 ——西塞罗

最能显示出一个人智慧的是，能在各种危险之间 ——马基雅维利
做出权衡，并选择最小的危险。

得到智慧的唯一办法，就是用青春去买。 ——杰克·伦敦

哲学是别让你的舌头抢先于你的思考。 ——德谟克利特

认识自身的缺点，是一个人最高智慧的表现。 ——罗休夫柯

生活的智慧大概就在于逢事都问个为什么。 ——巴尔扎克

历史有两部：一部是官方的、骗人的历史，做教科 ——巴尔扎克
书用的，给王太子念的；另外一部是秘密的历史，
可以看出国家大事的真正原因，一部可耻的历史。

拿历史上的事实来比照我们当前的情况，我们便 ——波利比阿
可以得到一种方法和根据，用以推测未来。

缺少知识就无法思考，缺少思考就不会有知识。 ——歌德

随机应变是才智的试金石。　　　　　　　　　——莫里哀

智慧并不产生于学历，而是来自对知识的终生不　——爱因斯坦
渝的追求。

靠智慧能赢得财产，但没人能用财产换来智慧。　——泰勒

我除了知道我的无知这个事实外一无所知。　　　——苏格拉底

没有人会因学问而成为智者。学问或许能由勤奋　——约翰·塞尔登
得来，而机智与智慧却有赖于天赋。

今天心里知道的事，明天头脑就明白了。　　　　——詹姆斯·史蒂芬斯

我们看历史，能够据过去以推知未来。看一个人　——鲁迅
的已往的经历，也有一样的效用。

智是谋之本，有智才有谋，所以智比谋更重要。　——邓拓

历史要用许多不幸和错误去铺路，人类才变得比　——史铁生
那些蚂蚁更聪明。

知识关乎事物，智慧却关乎人生。　　　　　　　——周国平

偏见和利欲是智慧的大敌。　　　　　　　　　　——周国平

智谋篇

谋划

我不靠天赐的运气活着，但我靠策划运气发达。 ——洛克菲勒

一个深思熟虑的进攻计划中一定也包括撤退的可能性。 ——汉斯·卡斯贝尔

智谋出于急难，巧计出于临危。 ——莎士比亚

过虑总比大意好些。 ——莎士比亚

竖耳静听每一个人说的话，但嘴可别为任何人而开。 ——莎士比亚

要知道，凡事木已成舟便无法挽回，人们往往做事不加考虑。 ——莎士比亚

没有弄清对方的底细，决不能掏出你的心来。 ——巴尔扎克

聪明人总是在今天为自己的明天做好准备，他不会冒险把所有的鸡蛋放在一个篮子里。 ——塞万提斯

青年人敏锐果敢，但行事轻率却可毁坏大局。 ——培根

年轻人有时候会陷于万分危险的处境。轻率地说一句"是"或"否"，就会把终身断送。 ——亨利希·曼

不敢冒险的人既无骡子又无马，过分冒险的人既丢骡子又丢马。 ——拉伯雷

最有学问和最有见识的人总是很谨慎的。 ——卢梭

谨慎的人是照着理性而行使的。 ——罗曼·罗兰

智谋篇

在各种各样的谨慎中，爱情上的谨慎对真正的幸福也许是至关重要的。 ——罗素

事情可以软来，不要蛮做。这才是谨慎之道。 ——塞万提斯

凡事都不可小看。你要知道：一个铁钉可以毁了一个马蹄子，一个马蹄子可以毁了一匹马，一匹马可以断送一次战役，一次战役可以灭掉一个伟大的国家。 ——松苏内吉

和平之时儿埋父，战乱之时父埋儿。 ——培根

当你打败了你的对手时，你应该明智地让他再站起来。这是因为，在下次战争中，你有机会需要他的帮助。

——托·富勒

没有必胜的决心，战争必败无疑。

——麦克阿瑟

在战争中每一个问题和每一条原则都像铜钱一样，有它的两个侧面。

——哈特

你欲保留的秘密，不要告诉人，尽管那人是你心腹。因为肯为你保守秘密的，除你而外，没有别人。

——萨迪

算计别人也终将被别人算计！

——达·芬奇

在第一个钉子没有钉牢之前，不要钉第二个。

——托·富勒

要跳得更远，必须先退后一步。

——蒙田

一个平庸的计划胜于无计划的瞎摸索。

——蔡元培

思路决定出路，布局决定结局。

——牛根生

一个真正的企业家，不能只靠胆大妄为而东奔西撞，也不可能是在学院的课堂里说教出来的。他必须在市场经济的大潮中摸爬滚打，在风雨的锤炼中长大。

——王均瑶

下层谋事，中层谋人，上层谋局。谋局者，整合上层，并购中层，帮扶下层。万物皆为我所用，万物皆不为我所有。处事无非人性，谋局无非人心。

谋事，找手头宽裕的人；做事，找手头拮据的人。

谋大事者，藏于心，行于事。春风得意时布好局，方能四面楚歌时有退路。做人要心中有佛，手里有刀，既能上马杀敌，也能下马念经，菩萨心肠对人，金刚手段做事。走心时不留余力，拔刀时不留余地。

要做一个心狠的人，不代表不善良，而是关键时刻，要懂得决断。

欲成大事，须运营关系，信他人之力以成自己之事。

人要走，马要放，千日造船一日过江，路在人走，事在人为。

智谋篇

战略

战略必须付诸战场，让每个人都各司其职。同时还要对全局进行调整，因为全局自始至终都是至关重要的，战略须臾不可或缺。 ——佚名

战略的本质就是选择什么事情可以不做。 ——迈克尔·波特

我们被我们自己的战略华丽辞藻愚弄了。 ——安德鲁·格鲁夫

已有的多个计划没有任何意义，正在进行的计划则是一切。 ——艾森豪威尔

企业战略就像园艺工作：必须让企业生长并进行修剪。 ——赫尔曼·西蒙

持续的成功在很大程度上取决于时时聚焦于正确的事情，而且每天进行许多不起眼的细微改进。 ——西奥多·列维特

便宜，优质，快速。您只能选择两个组合，不可能三个全选。 ——英戈·克劳斯

在太多的公司中战略计划的制订已经变得过度官僚、过分庞杂，而且在很大程度上与主题无关。 ——罗纳德·亨克夫

最大的利润率只能使市场的领先者受益。 ——罗尔夫·贝尔特

所有进展顺利的事情，事后都被解释为战略。 ——格哈德·施罗德

战争是万物之父，也是万物之王。它使一些人成为神，使一些人成为人，使一些人成为奴隶，使一些人成为自由人。 ——赫拉克利特

不论是在最大或最小的敌人面前，你该同样谨慎小心。 ——乔叟

你若担受不起战争，胜利也就没有你的份。 ——布莱希特

历史告诉我们，最富的国家并不一定就是最强的，更不是最快乐的，从军事力量的天平上看来，钢铁至少是和黄金一样重。 ——安东·约米尼

一个政府无论用什么借口，而不重视国家军事的发展，则从后世的眼光中看来，他们绝对要算是民族的罪人。 ——安东·约米尼

智谋篇

假使各种其他的条件都相等，则战争的胜负就决定于盟国的有无。

——安东·约米尼

一个国家要想获得安全的保证，必须要有良好的要塞体系和防线，完善的预备兵役和军事制度，最后还要有优良的政治制度。

——安东·约米尼

军队的武德是战争中最重要的精神力量之一，如果缺少了这种力量，就应该有其他精神力量，如统帅的卓越才能、民族的热情等来代替，否则所做的努力就收不到应有的效果。

——克劳塞维茨

最完美的战略，也就是那种不必经过激烈战斗而能达到目的的战略——所谓"不战而屈人之兵，善之善者也"。

——巴·利德尔

消极的守势是必败无疑的，而积极的守势则往往可以转败为胜。

——巴·利德尔

在战略上，最漫长的迂回道路，常常又是达到目的的最短途径。

——巴·利德尔

做将军需要的才能与做士兵需要的才能大相径庭。

——利维

这是战争中的一条万古不易的公理，确保你自己的侧翼和后方，而设法迂回敌人的侧翼和后方。

——腓特烈大帝

政治是头脑，战争只不过是工具，不可能是相反的。因此，只能是军事观点从属于政治观点。 ——克劳塞维茨

取得战争胜利的军队是精锐的军队，而不是庞大的军队。 ——华盛顿

我们只能用准备战争来确保和平，这是一个不幸的事实。 ——肯尼迪

一支军队的实力，四分之三是由士气因素决定。 ——拿破仑

在作战中要坚决，在挫折中要挑战，在胜利中要豁达，在和平中要友好。 ——丘吉尔

不是军队引起了战争，而是战争缔造了军队。 ——马德里奇

以武力来征服只是暂时的征服，赢得世界的尊敬才能永久地征服世界。 ——威尔逊

当好一个兵，必须了解历史，必须了解在战争中如何起作用。武器变了，但使用武器的人一点没变。要赢得战役，你不是打败武器，而是打垮敌军人员的精神。 ——乔治·巴顿

世界史上的事情并不是一桩一定是另一桩的直接后果，所有的事件都是互为因果的。 ——海涅

智谋篇

民心

最善治其身者，亦最善于治人。 ——但丁

世上没有所谓小国。一个民族的伟大与否，不受 ——雨果
其居民人数多少的影响，正如一个人的伟大与
否，不以其高矮来衡量一样。

当政府不受欢迎的时候，好的举措和坏的举措同 ——塔西伦
样地触怒人民。

一个国家的真正财富在于它的男男女女。如果他 ——奥尔丁顿
们卑贱、痛苦并且多病，这个国家就是贫困的。

凡是不爱自己国家的人，什么都不会爱。 ——拜伦

我们必须爱我们的国家，即使它对待我们并不 ——伏尔泰
公正。

对祖国的爱，能使人在枪林弹雨下，在九死一生中，在不断的劳动、熬夜和艰苦的环境下泰然自若。

——列夫·托尔斯泰

从一个国家的广告可以看出这个国家的理想。

——道格拉斯

什么是最好的政府？就是指导我们去治理我们自己的政府。

——歌德

在一个不安定的社会、一个动荡的世界上，没有一个政府能够保持稳定。

——利昂·布卢姆

公众的信任是一个有效的政府的基础。

——肯尼迪

顺公意不失败，逆民意必无成。

——林肯

我的国家有一颗雄狮般的心，而我只是有幸唤醒它的咆哮。

——丘吉尔

主持正义，是政府最坚定的支柱。

——华盛顿

国家力量等于应用的资源加人力乘以意志。

——尼克松

这三件事如不与另三件事结合，便不能巩固：一是钱财和经商，二是学问和教人，三是国家和法度。

——萨迪

比竞选获胜更重要的是治理国家。这是对一个政　　——斯蒂文森
治家的考验——严峻的，也是决定性的考验。

坏的行政肯定会破坏好的政策，但是好的行政绝　　——斯蒂文森
不会拯救坏的政策。

想左右天下的人，须先能左右自己。　　——苏格拉底

律法若过于宽大，很少有人遵守；律法若过于苛　　——富兰克林
严，则很少有人执行。

倘若世上没有坏人，也就不会有好的律师。　　——狄更斯

预防犯罪远胜于惩罚罪行。　　——傅立叶

人受制于法，法受制于情理。　　——托·富勒

惩罚的目的就是使一个罚犯变成一个好人。　　——格劳秀斯

有时人死或许可以是一种刑罚，但并不等于　　——大仲马
赎罪。

照耀人的唯一的灯是理性，引导生命于迷途的唯　　——海涅
一手杖是良心。

一个只顾自己的人不足以成大器。　　——罗斯金

一个心灵脆弱的人做不了政治家。把良心看得太重，往往使人优柔寡断。 ——雨果

惟有民魂是值得宝贵的，惟有他发扬起来，中国才有真进步。 ——鲁迅

我们将来的历史是滴泪，我的泪，洗尽人类的悲哀；我们将来的历史是笑，我的笑，驱尽宇宙的烦恼。 ——闻一多

宁做流浪汉，不当亡国奴。 ——丰子恺

爱国也需要生命，生命力充溢者方能爱国。 ——沈从文

一个国家，一个民族，如果没有现代科学，没有先进技术，一打就垮；而如果没有优秀的历史传统，没有民族人文精神，不打自垮。 ——杨叔子

智谋篇

安危

有福不肯与人共享，有祸也不会有人同当。　　——伊索

灾难来自意想不到的地方，最使受害者难受。　　——伊索

人们的灾祸常成为他的学问。　　——伊索

要等到一切危险都过去才起航的人，永远也出不了海。　　——托·富勒

灾难是人的真正试金石。　　——包蒙

祸与福的相倚相伏，是一种耐人寻味而又几乎普遍存在的现象。　　——查尔思·里德

不幸时满怀希望，顺利时小心谨慎，这是一个人在祸福问题上应取的态度。　　——贺拉斯

在不利与艰难的遭遇里能坚定不移、百折不挠，这就是一个真正令人钦佩的人的不凡之处。　　——贝多芬

让我不要祈求免遭危难，只让我能大胆地面对它们。　　——泰戈尔

能使愚蠢的人学会一点东西的，并不是言辞，而是厄运。　　——德谟克利特

逆境常使人难堪。然而即使在人群中找出一百个能忍受逆境的人，也未必找得到一个能正确对待顺境的人。　　——卡莱尔

一颗高尚的心应当承受灾祸而不是躲避灾祸，因为承受灾祸显示了意志的崇高，而躲避灾祸显示了内心的怯懦。　　——阿雷蒂诺

找出一个能在顺境中正确处之的人，要比找出一个能在逆境中忍辱负重的人更难。因为顺境使大多数人飘飘然，而逆境使所有的人头脑清醒。　　——色诺芬

患难不是永恒。像欢乐消逝那样，患难也要消灭。　　——《一千零一夜》

不幸的遭遇可以增长人的见解，改善人的心地，锻炼人的体质，使一个青年能够担当起生活的责任，同时知道怎样享受人生，这是在富裕的环境中所受的教育万万不能达到的。　　——斯摩莱特

智谋篇

当危险逼近时，善于抓住时机迎头邀击它要比忧郁躲闪它更有利，因为忧郁的结果恰恰是错过了克服它的机会。 ——培根

实力永远意味着责任和危险。 ——罗斯福

切不可讥诮遭遇不幸的人们，因为谁可以保证自己能永远安乐呢？ ——拉封丹

大祸过后，必有大福。 ——歌德

不因幸运而故步自封，不因厄运而一蹶不振。真正的强者，善于从顺境中找到阴影，从逆境中找到光亮，时时校准自己前进的目标。 ——易卜生

运道往往在不幸的地方开着一扇门，让坏事有个补救。 ——塞万提斯

在我们中间，谁最能容忍生活中的幸福和忧患，我认为就是受了最好教育的人。 ——卢梭

人生颇富机会和变化。人最得意的时候，有最大的不幸光临。 ——亚里士多德

人逢危难，总有一个成败攸关的时刻。 ——雨果

一个人的灾祸都是自己的过失造成的。 ——莫里亚克

不要以为林莽中空无一物，那儿也许有一只老虎　　——萨迪
睡觉。

罪孽纵能骗取短暂的荣华，却决不能给人以真正　　——司各特
的幸福；人们犯下的罪恶，在罪行发生以后，其
后遗留下的恶影响还会长期存留，如同被谋杀者
的阴魂永远缠绕着凶手一般。而正直的人所走的
道路，尽管很少达到世俗的炎炎赫赫，但始终是
愉快和安宁的。

世界上任何太美的事物背后都隐藏着某种悲剧。　　——王尔德

灾难是与人类形影不离的伙伴。　　——莎士比亚

只有最没出息的家伙，才去墙底下避难。　　——莎士比亚

要是你不是永生不死的，那么警戒你的四周吧，　　——莎士比亚
阴谋是会毁坏你的安全的。

患难可以试验一个人的品格，非常的境遇方才可　　——莎士比亚
以显出非常的气节；风平浪静的海面，所有船只
都可以并驱竞胜；命运的铁拳击中要害的时候，
只有大勇大智的人才能够处之泰然。

太平景象最能带来一种危险，就是使人高枕无　　——莎士比亚
忧；所以适当的疑虑还是智者的照灯，是防患于
未然的良方。

小事不忍耐，必招大灾难。 ——莎士比亚

继续成功只能引我们走向世界的一端，灾难却能 ——科尔顿
将我们掉转，让我们看到世界的另一端。

已经知道的危险总比还不知道的危险好些。 ——斯蒂文森

小节的怠忽往往逐渐积习成后患，终至酿成 ——亚里士多德
大变。

当危险迫近时，唯一有利的行为是先用冷静的头 ——弗洛伊德
脑，估量自己所可支配的力量以和面前的危险相
比较，然后再决定最有希望的办法是否为逃避，
防御或进攻。至于恐怖实属无益，没有恐怖反而
可以有较好的效果。你们还可知道过分的恐怖最
为有害，那时各种行动都变得麻木了，连逃避也
不能举步了。

厄运往往能使天才奋发。 ——奥维德

不幸，是天才的晋身之阶、信徒的洗礼之水、能 ——巴尔扎克
人的无价之宝、弱者的无底之渊。

逆境给人宝贵的磨炼机会。只有经得起环境考验 ——松下幸之助
的人，才能算是真正的强者。自古以来的伟人，
大多是抱着不屈不挠的精神，从逆境中挣扎奋斗
过来的。

一个人处在逆境中知道奋发，是很容易的事；但处在顺境的人而能够不流于放逸，却很难能可贵。　　——郭沫若

一个生命的强者在坎坷险恶的道路上，从未回头地留下和着血滴的足印，它本身就是一部长篇杰作。　　——郁风

厄运只能将弱者淘汰，即使为他挡过这次灾难，他也会在另一次灾难里沉没；而强者却会留下，继续走完自己的路。　　——张洁

智谋篇

敌人

每取得一个成功，我们就多了一个敌人。要想广受欢迎，必须保持平庸。 ——王尔德

我不知道什么是朋友，我只知道一点：地位高的时候，你有很多朋友；地位一般的时候，有几个朋友；地位低下的时候，你没有朋友。 ——尼基·劳达

我已经不知道朋友和敌人之间的分界线在哪里了。 ——马蒂亚斯·贝尔茨

消灭了一个势均力敌的敌人之后，你会发现自己怅然若失。 ——俾斯麦

如果一个人害怕树敌，他就不会成为政治家。 ——伏尼契

躲避自己的敌人，不知道他们的习惯和生活方式，这是多么荒谬！要是我想射杀树林里的一只狼，我就得先知道所有它经常走的路。 ——屠格涅夫

一个被侮辱的正人君子和一个坏蛋拼命有什么用？　——莫泊桑

当你失去一个最大的敌人的时候，你也便失去了　——约翰·麦肯罗
自己的一部分。

聪明人真的能从敌人身上学到很多东西。　——阿里斯托芬

千万不要与同一个敌人交战过频，否则他会把你　——爱默生
的战术都学去的。

根据外表来判断是多么容易上当，而俗人又是多　——卢梭
么重视这种根据外表的判断；我也感到，有罪者
放肆大胆、趾高气扬，而无辜者反而羞愧满面、
局促不安，这又是多么常见的事啊！

一个懒汉很难和一个勤快人友好相处，因为懒汉　——艾欣巴赫
太瞧不起勤快人了。

开玩笑不可能化敌为友，却可能化友为敌。　——富兰克林

保守者并不一定愚蠢，但多数愚蠢的人一定是保　——约翰·斯图亚特·密尔
守者。

对于那些连自家人都要陷害的人，必须特别警惕。　——伊索

那些背弃祖国、投奔异邦的人，既不受异邦人的　——伊索
尊敬，又为同胞所唾弃。

智谋篇

甚至连受惠于叛徒的人，也痛恨叛徒。　　　　——塔西佗

我以为再没有比那些只顾自己鼻尖底下的一点事　——罗素
情的人更可恶的人了。

要识透敌人的用意、打算、诡计和困境，要防止　——塞万提斯
预料到的危险，光靠体力行吗？这都是费心思的
事，体力是用不上的。

对坏人行好事，就是往海里倒水。　　　　　　——塞万提斯

守法和有良心的人即使有迫切的需要也不会偷　——克雷洛夫
窃，可是即使把百万金元给了盗贼，也没法儿指
望他从此不偷不盗。

朋友一千个还太少，敌人一个也嫌多。　　　——阿·巴巴耶娃

要是大伙儿对残暴的人都一味和气，一味顺从，　——夏洛蒂·勃朗特
那坏人可就要由着性儿胡作非为了；他们就永远
不会有什么顾忌，他们也就永远不会改好，反而
会变得越来越坏。

对于不可救药的人的处置是比较好办的，处死比　——格劳秀斯
让他活着更减少一些罪恶，因为他们活着肯定变
成更坏的人。

一个敌人不为少，不增为好；千个朋友不为多，　——鲁达基
应再多交。

对于叛逆的人，人家是像对待狐狸一般不能加以信任的，无论它怎样驯良，怎样习于豢养，怎样关锁在笼子里，总不免存留着几分祖传的野性。

——莎士比亚

一个真正的敌人能灌注你无限的勇气。

——卡夫卡

爱你的敌人，因为他们能让你了解自己的缺点。

——富兰克林

朋友是宝贵的，但敌人也可能是有用的。朋友会告诉我，我可以做什么；敌人将教育我，我应当怎样做。

——席勒

刻毒的仇人比那些表面合意的朋友对人更有用处，前者说的常常是实话，而后者从来不会讲实话。

——西塞罗

温和的对待，不会使敌人变成朋友。

——萨迪

弱小的敌人对你表示友好，往往只是蓄意成为你的强敌。

——萨迪

不要向敌人述说你的悲哀，他会表面同情，暗中称快。

——萨迪

假如今天不把火焰扑灭，明天它会烧毁世界；假如你能先把敌人射中，不要容他搭箭张弓。

——萨迪

智谋篇

不要接受敌人的哄骗，也不要听信佞人的逢迎：——萨迪
前者布下虚伪的网，后者张开了贪求的嘴。

能够消灭敌人时，如果不把敌人消灭，便是和自——萨迪
己为敌。

对于顽劣的人不要浪费光阴！芦苇里不会产生蜜汁！——萨迪

我要有一个仇敌，或者有一个挚友，那该多好——格里美尔斯豪森
啊：仇敌会使我把全副心思集中在他的身上，而
使我忘却这痴心的爱；挚友则将给我以规劝，打
消我这自作多情的妄想。

你如果希望进行有效的攻击，那就要首先剥夺敌——巴·利德尔
人的自卫能力，要出其不意地去进攻敌人。

敌人是不足惧的，最可怕的是自己营垒里的蛀——鲁迅
虫，许多事都败在他们手里。

和朋友谈心，不必留心，但和敌人对面，却必须——鲁迅
刻刻防备。

自称盗贼的无须防，得其反倒是好人；自称正人——鲁迅
君子的必须防，得其反则是盗贼。

一个时候，只能骂一个人，或一种人，或一派　　　——梁实秋
人，决不宜多树敌。所以骂人的时候，万勿连累
旁人，即使必须牵涉多人，你也要表示好意，否
则回骂之声纷至沓来，使你无从应付。

根据我的观察，坏人，同一切有毒的动植物一　　　——季羡林
样，是并不知道自己是坏人的，是毒物的。

敌人要从宽认定，朋友要从严录取。　　　　　　——李敖

机会

人越是按计划行事，就越容易碰到偶然。 ——弗里德里希·迪伦马特

对于我来说，没有饱和的市场，只有机会。 ——艾里希·希克斯特

微小的机会常常是伟大事业的开端。 ——狄摩西尼

你利用机会，就是在剥夺别人的机会，保证自己。 ——洛克菲勒

机会永远都会不平等，但结果却可能平等。历史上，无论是在政界还是在商界，尤其在商界，白手起家的事例俯拾即是，他们曾经都因贫穷而少有机会，然而都因努力奋斗而功成名就。 ——洛克菲勒

机会是靠争取得来的。再好的构想都存在缺陷，即使是再普通不过的计划，只要你确实执行并且继续发展，所取得的效果都会比半途而废的好计划要好得多。 ——洛克菲勒

许多人浪费了整整一生去等待符合他们心愿的机会。 ——尼采

对于不会利用机会的人，时机又有什么用呢？一个不受胎的蛋，是要被时间的浪潮冲刷成废物的。 ——艾略特

要想成功，你必须自己制造机会，绝不能愚蠢地坐在路边，等待有人经过，邀请你同往财富与幸福之路。 ——歌夫

机遇总是喜欢强者，因为强者做好了一切准备，单等机遇的光临；机遇总是躲避弱者，因为它们无法忍受弱者那呆滞的眼神。 ——苏格拉底

不管我的目光投向哪里，机会处处都从问题中产生。 ——洛克菲勒

我总是试图将每一次灾难转化为机会。 ——洛克菲勒

机会是在纷纭世事之中的许多复杂因子，在运行之间偶然凑成的一个有利于你的空隙。这个空隙稍纵即逝，所以，要把握时机确实需要眼明手快地去"捕捉"，而不能坐在那里等待或因循拖延。 ——罗曼·罗兰

人们通常觉得准备的阶段是在浪费时间，只有当真正的机会来临，而自己没有能力把握的时候，才觉悟自己平时没有准备才是浪费了时间。 ——罗曼·罗兰

智谋篇

生活只不过是不断地给人一些机会，好让人能活下去。 ——加西亚·马尔克斯

过早与过晚永远只是一瞬间。 ——弗兰茨·韦弗尔

一个明智的人总是抓住机遇，把它变成美好的未来。 ——托·富勒

生活中必须见机行事：时而用软的一手，时而用硬的一手，有时则要当机立断，干净利落，豁出去干一下！ ——高尔基

生活就好比打仗，它的规律很简单，不要坐失良机。 ——高尔基

只有不断地尝试不可能的事情，可能的事情才会发生。 ——黑塞

许多人对待机会一如孩童在海滨那样：他们让小手握满了沙子，然后让沙粒掉下，一粒接一粒，直到全部落光。 ——托马斯·莫尔

如果没有机会，没有运气，没有人提携，即使再有才干的人也都无法出人头地。 ——小普林尼

今生无安全可言，唯有机会。 ——麦克阿瑟

机会只有在经过艰苦的劳动之后才会到来。只有 ——亨利·福特
那些能够经受得住日常的辛劳，并且依然能够保
持生机和机警的人，最终才能赢得机会。

没有机会！这真是弱者的最好供词。 ——拿破仑

重要的不是分配财富，而是分配机会。 ——范登伯格

一个人不论干什么事，失掉恰当的时节、有利的 ——柏拉图
时机就会前功尽弃。

弱者坐失良机，强者制造时机。 ——居里夫人

凡是那些需要当机立断，果敢执行的计划，我们 ——大仲马
对于身边的过分顾虑，几乎是成功的唯一阻碍。

谁若是有一刹那的胆怯，也许就放走了幸运在这 ——大仲马
一刹那间对他伸出来的香饵。

做不必要的冒险是不可能的。因为你只有做过， ——乔凡尼·阿涅利
才知道它是不是必要的。

谁不坐等机遇的馈赠，谁便征服了命运。 ——马·阿诺德

显赫的声名总是无数的机缘凑成的，机缘的变化 ——巴尔扎克
极其迅速，从来没有两个人走同样的路子成功的。

人们若是一心一意地做某一件事，总是会碰到偶然的机会的。

——巴尔扎克

最能干的人并不是那些等待机会的，而是运用机会、攫取机会、征服机会，以机会为奴仆的人。

——巴尔扎克

等待机会，是一件极笨拙的行为。你不要以为机会像一个到你家里来的客人，他在你的门前敲着门，等待你开门把它迎接进来。恰恰相反，机会是一件不可捉摸的活宝贝，无影无形，无声无息，它有时潜伏在你努力工作中，有时徘徊在无人注意的境地里，你假如不用苦干的精神，努力去寻求，也许永远遇不着它！

——卡耐基

我们多数人的毛病是：当机会朝我们冲奔而来时，我们兀自闭着眼睛，很少人能够去追寻自己的机会，甚至被它绊倒时，还不能见着它。

——卡耐基

对大多数人而言，机会不止一次光顾过；它在我们门前不停地敲门。遗憾的是，多数的时候，我们不是想着别人的事，就是懒于作答。

——本杰明·费尔莱斯

在别处有那么多好机会，但是我们必须集中精力使眼前这个机会更加完美。

——迈克·戴尔

我们面临的挑战就是如何把握机遇，并使自己保持在第一的位置上。

——迈克·戴尔

那些即使遇到了机会，还不敢自信必能成功的人，只能得到失败。 ——叔本华

成千上万的小事落在我们的手心里，各式各样的小机会每天发生，它都留给我们自由运用和滥用，而它依旧默默走它的路，一无改变。 ——海伦·凯勒

乘着顺风，就该扯篷。 ——塞万提斯

不要对我说，这个问题是困难的，如果没有困难，也就不会有问题了。 ——费迪南·福煦

一个人如果有了迅速的判断力和坚决的自信力，他的机会之多，远非那犹豫不决、模棱两可的人可比拟。 ——俾斯麦

智谋篇

机会，靠自己争取；命运，靠自己把握；生命是自己的画板，为什么要依赖别人着色？ ——汪国真

机会需要我们去寻找。让我们鼓起勇气，运用智慧，把握我们生命的每一分钟，创造出一个更加精彩的人生。 ——俞敏洪

人就怕没本事，不怕没机会。 ——陈祖芬

人一看重机会，就难免被机会支配。 ——周国平

人际篇

没有人是一座孤岛

口才

当场发言是必要的，不管是致辞、法庭申辩，还
是参加私人聚会……那些受人尊重、能够即兴演
讲的人，仿佛拥有神祇的智慧。

——阿尔基达玛

.

一句漂亮的话之所以漂亮，就是因为所说的东西
是每个人都想过的，而所说的方式却是生动的、
精妙的、新颖的。

——布瓦洛

当领导者抛弃稿子讲话的时候，他们的语气会更
真实，听众会感觉他们的话发自内心，而不是来
自别人拟好的稿子。

——朱迪思·汉弗莱

不愿说理是固执，不会说理是傻瓜，不敢说理是
奴隶。

——德拉蒙德

能对你开怀直言的人，便是你的挚友。

——博斯威尔

沉默是缺乏自信的人最稳当的选择。　　　　　——拉罗什富科

所有的真话并不是在所有时候都可以说的。　　——托·富勒

如果你知道如何在饭桌上对着一群朋友讲话，那　——克里斯·安德森
么你就知道如何发表公共演讲。

交谈时的含蓄和得体，比口若悬河更可贵。　　——培根

说话啰唆也是浪费时间的，而善于抓住论题的实　——培根
质，不使之漏掉，却能节省时间。周密申辩的修
辞有助于提高效率，正如松快合适的衣着有助于
奔跑。

多问的人将多闻。　　　　　　　　　　　　　——培根

一个人从另一个人的诤言中所得来的光明，比从　——培根
自己的理解力、判断力中所得来的光明更为干净
纯粹。

沉默寡言总是给人深刻印象，因为人们很难相信　——艾欣巴赫
他的沉默中没有隐藏着什么重要的秘密。

沉默这种习性是在经历了生活中无数不幸后才养　——塞涅卡
成的。

天下只有一种方法能得到辩论的最大利益，那就　——卡耐基
是避免辩论。

眼神里的语言，世界任何地方的人都能理解。 ——爱默生

能触及灵魂深处、医治百病的乐曲是热诚而亲切的言语。 ——爱默生

不管使用什么样的语言，只要你开口，就能反映出你的人品。 ——爱默生

沉默是一种溶剂，它泯灭人的个性，使我们变得博大精深。 ——爱默生

在甜言蜜语中，假话听起来像真话，真话实际上就是假话。 ——莱辛

沉默是一种伟大的谈话艺术。 ——赫兹里特

沉默总是有威力的。慎重的人适时地保持沉默，总会在处理事务和任何种类的关系中，保持着颇大的优势。 ——德拉克罗瓦

我的朋友叫我气恼，我一说出来，我的气就消；我的敌人叫我气愤，我不说，我的气越长越茂盛。 ——威廉·布雷克

有些沉默的人要比最健谈的人更富有情趣。 ——迪斯累里

谎言越传越离奇。 ——奥维德

沉默只不过是微不足道的美德，但说不该说的话
却是滔天大罪。 ——奥维德

默默的一瞥里常常蕴藏着千言万语。 ——奥维德

失言足以致人死命，走错了路倒没有生命的危险，
因为走错路，最多不过迟到一会儿，而失言往往
使人倾家丧命。 ——《一千零一夜》

饶舌之徒滔滔不绝地发表长篇大论，除非其中能
有"吐露真情"之处，否则是一钱不值的。 ——伯尔

沉默并非总是智能的表现，但唠叨却永远是一项
愚蠢的行动。 ——富兰克林

当你对一个人说话时，看着他的眼睛；当他对你
说话时，看着他的嘴。 ——富兰克林

对于不应受赞美的人加以赞美，是一种苛刻的
讽刺。 ——富兰克林

播下真理的种子，将收获真理的果子；撒下谎言
的种子，只会一无所获。 ——博纳

在人世间所能听到的最崇高的赞美歌，就是从孩
子的嘴里发出来的人类灵魂的喃喃的话语。 ——雨果

人际篇

言辞是行动的影子。 ——德谟克利特

一篇美好的言辞并不能抹杀一个坏的行为，而一个好的行为也不能为诽谤所玷污。 ——德谟克利特

当你跟别人交谈时，你必须考虑的第一件事是，对方是否乐意听你说的话，或者是你是否希望让人听你说话。 ——斯蒂尔

最沉默的人往往是最聪明的人，最深的水往往不易为最亮的光线所穿透。 ——尼采

有一些在推心置腹时所说的私房话，日后有被知己用来作为武器的危险。 ——罗曼·罗兰

闪光的东西并不都是金子，动听的语言并不都是好话。 ——莎士比亚

花言巧语……是比引诱鱼儿上钩的香饵或是毒害羊群的苜蓿更甜蜜而更危险的。 ——莎士比亚

人们的耳朵不能容纳忠言，谄媚却这样容易进去。 ——莎士比亚

有的人沉默是因为没有什么可说的，有的是因为找不到知音者。 ——高尔基

与贤者相对而谈，胜过勤学十年。 ——朗费罗

斥责比最锋利的剑刺得还深。　　　　　　　——康格里夫

说老实话，包你有力量。　　　　　　　　　——胡适

言论的花儿，开得愈大，行为的果子，结得愈小。　——冰心

好听的话越讲越多，一旦过了头，就不可收拾；　——巴金
一旦成了习惯，就上了瘾，不说空话，反而日子
难过。

凡是不大开口的人总是令人莫测高深；口边若无　——梁实秋
遮拦，则容易令人一眼望到底。

一个人大声说话，是本能；小声说话，是文明。　——梁实秋

一个人宁可说襟腑独见的落伍话，不可说虚伪投　——林语堂
机的合时话。

说话的三条底线：一、力图说真话；二、不能说　——钱理群
真话，则保持沉默；三、无权保持沉默而不得不
说假话时，不应伤害他人。

用质问式的语气来谈话，是最易伤感情的。　　　——刘景全

说真话不说假话，说实话不玩虚套，说人话不打　——易中天
官腔。

人际篇

奉承

奉承不用花钱，但是绝大多数的人却不自觉地向 ——叶芝
奉承者付出巨款。

恭维不值分文，然而许多人却为此付出了高昂的 ——托·富勒
代价。

坦率被逐出门外时，奉承便会端坐在客厅里。 ——托·富勒

男子只要有人奉承，使他的骄傲与欲望获得满 ——罗曼·罗兰
足，就极容易上当；而富于幻想的艺术家更容易
受骗。

我奉承的话比杀人的手还狠。 ——奥古斯丁

肉麻的奉承只是一张债券，而公正的赞扬却是一 ——约翰生
份礼品。

不恰当的赞美就是变相的讥讽。 ——布罗德赫斯特

小心啊，别让人家拿那些甜言蜜语把你弄坏了。 ——狄更斯

年少风流自然有人趋奉，上流社会从自私出发，
也愿意照顾他们喜欢的人。 ——巴尔扎克

在世界上所有的手法里面，奉承是最巧妙、最狡猾
的一种。 ——巴尔扎克

谄媚从来不会出自伟大的心灵，而是小人的伎
俩，他们卑躬屈膝，把自己尽量地缩小，以便钻
进他们趋附的人物的生活核心。 ——巴尔扎克

不知不觉我们成了骗子，无意之间我们成了演员。 ——阿米尔

如果谀谄之术使用得巧妙，而又正中一个人之所
长，那就没有任何一个具有洞察能力的人能够坚
强抗拒得住。 ——曼德·威尔

人们阿谀奉承的目的，就是要装出温顺的外貌来
支配别人。 ——车尔尼雪夫斯基

有时人们也痛恨阿谀奉承，但只痛恨阿谀奉承的
方式而已。 ——拉罗什富科

人际篇

奉承是一枚依靠我们的虚荣才得以流通的伪币。 ——拉罗什富科

有些伪装起来的谎言显得是那样真实，以致没有受骗简直是判断失误。 ——拉罗什富科

一切奉承者都是贪婪的，所有下流者都是奉承者。 ——亚里士多德

甚至那些行为卑劣的人，也不能不承认光明正大是一种崇高的德行，而伪善正如假黄金，也许可以骗取到货物，但毕竟本身是毫无价值的。 ——培根

狡诈是一种邪恶的机智。但狡诈与机智虽然有所貌似，却又很不相同——不仅是在诚实方面，而且是在才智方面。 ——培根

假如称颂你的人是平庸的谄媚者，那么他们对你说的就不过是他们常对任何人说的一番套话。 ——培根

面具比面孔更能使我们看出许多的东西。 ——王尔德

如果天下平静无事，到处都是溢美和逢迎，那么，无耻、欺诈和愚昧更将有滋长的余地了；没有人再揭发，没有人再说苛刻的真话了。 ——别林斯基

我们越是热爱自己的朋友，我们就应越少奉承他们。 ——莫里哀

谄媚者的艺术是：利用大人物的弱点，沿袭他们的错误，永不给予可能会使他们烦恼的忠告。　　——莫里哀

奸诈的心必须罩上虚伪的笑脸。　　——莎士比亚

善于奉承的人一定也精于诽谤。　　——拿破仑

最高明的骗子，可能在某个时刻欺骗所有人，也可能在所有时刻欺骗某些人，但不可能在所有时刻欺骗所有的人。　　——林肯

我不喜欢八面玲珑，世故圆滑的人，而是喜欢略显笨拙，非常努力的人。　　——山本耀司

作伪是天下最苦恼的事情，老老实实是最愉快的事情。　　——邹韬奋

上帝会懊悔没在人身上添一条能摇的狗尾巴，因此减低了不知多少表情的效果。　　——钱锺书

我发现拍马屁跟恋爱一样，不容许有第三者冷眼旁观。　　——钱锺书

能媚你的，必能害你，要加倍防备；肯谏你的，必肯助你，要倾心细听。　　——曲波

人际篇

幽默

你可以假装严肃，却无法假装诙谐。 ——萨夏·吉特里

一个成功的人是以幽默感对付挫折的。 ——詹姆斯·潘

最大的不幸就是：既不懂得如何幽默风趣，又不懂得怎样保持安静。 ——拉布耶

幽默是最高级的笑的形式，同时它也是向悲剧过渡的喜剧。 ——科林伍德

最幽默的作家使人发出几乎觉察不到的微笑。 ——尼采

幽默感就是分寸感。 ——纪伯伦

只要我们活着，我们就要保持幽默感。 ——爱因斯坦

可以说，诙谐幽默是人们在社交场合所穿的最漂亮的服饰。　　——萨克雷

制作幽默的秘诀不是快乐而是忧伤。天堂里没有幽默。　　——马克·吐温

风趣是谈话的调味品，但不是食品。　　——哈兹利特

幽默带来悟力和宽容，冷嘲则带来深刻而不友善的理解。　　——阿·雷普利尔

生活中没有哲学还可以对付过去，然而没有幽默则只有愚蠢的人才能生存。　　——普里兹文

我说笑话的方法是说真理，真理是世界上最幽默奇特而难以了解的笑话。　　——萧伯纳

无病的苦脸、变形的假面、男扮女装的小丑拙劣的插科打诨使人发出笑声，我们对这样的表现感到厌恶。因此古代的哲人甚至认为智者不应发出笑声。　　——本·琼森

人际篇

当你正提醒夫人小心楼梯的时候，自己却摔了下来，这就是幽默。　　——伯顿

很多机智、幽默及笑话，只适用于一个团体之中。这是因为"它"是从特殊的土壤之中生出来的，所以并不适合移植至其他的土壤中。　　——切斯特菲尔德

在所有的日子里，没有欢笑的那一天必定是最无
谓的浪费。 ——尚福尔

幽默是藏身于笑话之后的严肃。 ——约·韦斯

如果没有机遇的合作，就不会产生任何难得的妙
言隽语。所以机智和勇敢应该满足于同幸运分享
它的荣光。 ——塞缪尔·约翰逊

任何苦役都有尽头，划船者早晚会到达港口，辞
典编纂者终究能编完浩繁的辞典，唯有不幸的智
者始终在开始新的劳作。人们对于新奇的要求永
远不会满足，一个笑话只能唤起对另一个笑话的
期待。 ——塞缪尔·约翰逊

我所喜欢的幽默，是能使我发笑五秒钟而沉思十
分钟的那一种。 ——威廉·戴维斯

庄严、学问、坚强的个性，全都不能抵抗好的
风趣。 ——里希特

两张相像的脸本身并不可笑，但它们凑在一起
时，那种相似却会使我们忍俊不禁。 ——帕斯卡尔

幽默是多么艳丽的服饰，又是何等忠诚的卫士！
它远远胜过诗人和作家的智能，它本身就是才
华，它能杜绝愚昧。 ——司各特

你可以嘲笑一切，但这并不能使宇宙变成一幅漫画。 ——伯纳德·贝伦森

人们常说生活乃是一场闹剧，就任何意义而言，此话不假。但它并非至理名言，因为生活是一场最糟糕的荒诞悲剧。 ——斯威夫特

缺乏幽默感的人不能算是很完善的人。 ——柯勒律治

风趣自然能引起人们的欢迎，使一切区别都化为平等。 ——爱默生

笑与哭二者都是突然的动作，习惯会使它们离去。没有人会为老掉牙的俏皮话发笑，也没有人会为时过境迁的不幸恸哭。 ——霍布斯

说句笑话只用一分钟的工夫，可是能管一个钟头的事。 ——高尔基

看到事物一致性的人很风趣，看到事物不一致性的人很幽默。 ——切斯特尔顿

无稽之谈比非凡的机智更能使我们发出笑声，因为无稽之谈更适合于我们，更符合我们的天性。 ——瓦卢瓦

在人们死去时，生活并不会停止逗乐，正像在人们欢笑时，它不会中止严肃一样。 ——萧伯纳

人际篇

175

有幽默感的人不会让人厌弃，有幽默感的话题不会给人压力。

——池田大作

笑和幽默是只有人类才有的特权。

——池田大作

人的才能不一样，有的人会幽默，有的人不会。不会幽默的人最好不必勉强要俏，去写幽默文章。

——老舍

没有幽默滋润的国民，其文化必日趋虚伪，生活必日趋欺诈，思想必趋迂腐，文学必日趋干枯，而人的心灵必日趋顽固。

——林语堂

凡善于幽默的人，其谐趣必愈幽隐；而善于鉴赏幽默的人，其欣赏尤在于内心静默的理会，大有不可与外人道之滋味。与粗鄙显露的笑话不同，幽默愈幽默而愈妙。

——林语堂

幽默当然用笑来发泄，但是笑未必就表示着幽默。

——钱锺书

幽默至多是一种脾气，决不能标为主张，更不能当作职业。

——钱锺书

幽默是一种人性修养，也是一种人生态度。

——梁晓声

最深刻的幽默是一颗受了致命伤的心灵发出的微笑。

——周国平

幽默多一分便成为油滑。幽默少一分则成为　　——刘心武
做作。

预先构思好的幽默往往显得笨拙。灵机一动的幽　　——刘心武
默往往更加精妙。

从容才能幽默，平等待人才能幽默，超脱才能幽　　——王蒙
默，游刃有余才能幽默，聪明透彻才能幽默。

人际篇

交往

一步一步来是做生意的诀窍，但不是交朋友的诀　　——莱辛
窍；做生意时没有友谊，交朋友时也不应该做
生意。

不会宽容别人的人，是不配受到别人的宽容的。　——屠格涅夫

不够真诚是危险的，太真诚则绝对是致命的。　　——王尔德

只有肤浅的人，才不会以貌取人。　　　　　　　——王尔德

诚实的人从来讨厌虚伪的人，而虚伪的人却常常　——斯宾诺莎
以诚实的面目出现。

记住人家的名字，而且很轻易地叫出来，等于给　——卡耐基
别人一个巧妙而有效的赞美。

打动人心的最高明的办法，是跟他谈论他最珍贵
的事物。

——卡耐基

没有什么比真挚的赞美更能让一个人侧耳倾听。

——哈维·麦凯

人们尊敬那些按原则行事的人，但却不喜欢他们。

——希伯尔

机智和妙语可在交际场上为人增添光彩，而俗气
的玩笑和朗声大笑却会使人变成一个丑角。

——切斯特菲尔德

社交犹如空气，人离不了它，但光靠它来维持生
命也是不够的。

——桑塔亚那

如果你想要某个人不再讨厌你，只要给他一点好
处，你会发现，他马上就开始喜欢你了。

——哈辛托·贝纳文特

有不良言谈习惯的人，自己很少会意识到这一点。

——赫尔曼·西蒙

如果一个人不喜欢吃的东西很多，不能忍受的事
情很多，那就必须坚决让这个人靠边站。

——约翰内斯·格罗斯

不加选择的应酬来往，只会导致时间的浪费和心
性的庸俗化。

——夏洛蒂·勃朗特

我们的语言是长着翅膀的，但却不往我们想去的
地方飞。

——乔治·艾略特

人际篇

平庸的人在优秀的人面前总是处于紧急自卫的状态。　　——艾欣巴赫

远离那些企图贬低你野心的人。小人物总是这么做，但是真正的大人物却会让你觉得，你也能成为他那样的大人物。　　——马克·吐温

只要利益不发生冲突，别人讲话，一般不需要反驳。　　——毛姆

努力克制自己的反驳欲，学会赞美和闭嘴。　　——毛姆

有些人，当别人表达自己的看法时，他们总是觉得受到了侮辱。　　——莫根斯特恩

一流的人只能容忍一流的人，二流的人却只能容忍三流的人。　　——恩斯特·马丁

没有比那些对任何事情都没兴趣的人更无趣的人。　　——约翰·梅森·布朗

什么是一个人身上最讨我们喜欢的东西？是他对我们的喜欢。　　——保罗·李

只有从最好的人那里，你才能学到最好的东西；如果和差劲的人打交道，那么就连你原来拥有的理智也会很快丧失掉。　　——第欧根尼

一个正在争辩的人身上没有高贵之气。 ——云格尔

只有少数人以理性指导生活。其他人则像湍流中的泳者：他们不确定自己的航程，只是随波逐流。 ——塞涅卡

人们很难用自己说得最差的那种语言撒谎。 ——黑贝尔

大部分人宁肯在赞美声中被毁灭，也不愿意在批评声中获救。 ——美国谚语

即使是最谦虚的人，他对自己的评价也比他最好的朋友对他的评价要高。 ——艾欣巴赫

狂妄自大是自卑情结的一种反应。 ——让·罗斯丹

做个有棱角的东西，至少比做个圆滑的虚无要好。 ——黑贝尔

先让自己不受欢迎，然后你才能受到认真对待。 ——康拉德·阿登纳

当我们越来越了解一个人的时候，我们总会发现这个人变得多么平庸！就好像他跟我们对他的过高期待有仇似的。 ——艾里亚斯·卡内蒂

一个处理不好和自己的关系的人，也别指望他能处理好和别人的关系。 ——莱因霍尔德·麦斯纳

最保险的成功方式是给别人传达这样一种印象：他们帮助你对他们自己是有好处的。 ——布吕耶尔

人际交往高段位技巧：热情，大方，一问三不知。 ——赫伯特

能用金钱解决的问题，就别用人情；能用汗水解决的问题，就别用泪水。 ——摘自网络

与凤凰同飞，必是俊鸟；与虎狼同行，必是猛兽；与智者同行，会不同凡响；与高人为伍，能登上巅峰。鸟随鸾凤飞藤远，人伴贤良品自高。 ——摘自网络

世界上最愚蠢的行为就是跟别人讲道理，永远记住：位置不同，少言为贵；认知不同，不必争辩；三观不合，浪费口舌。 ——摘自网络

成年人最幼稚的行为就是交心。 ——摘自网络

懂得示弱的人，都是聪明人。不提条件的人，野心可能大到可怕。 ——摘自网络

不要因为一时投缘，就随意亮出底牌，交浅言深是人际交往的大忌。 ——摘自网络

能控制自己嘴巴的人，都很厉害，不管是吃饭，还是说话。 ——摘自网络

一见面就问你谋生方式的人，本质上是在计算对你的尊重程度。 ——摘自网络

你可以表达愤怒，但你不能愤怒地表达。 ——摘自网络

任何关系都要循序渐进，不要一上来就交代得清清楚楚，这不是真诚，而是傻。 ——摘自网络

没有实力时，对别人的好，很容易被定义为讨好。 ——摘自网络

永远不要用离开去威胁别人，你会发现，原来你真的没那么重要。 ——摘自网络

烦躁的时候千万不要说话，安静地待会儿，成年人的烦恼，和谁说都不合适。 ——摘自网络

对于利益相关的人，要展示你的实力和智力；对于利益不相关的展示你的礼貌就好。 ——摘自网络

人际篇

当你不好意思拒绝时，想想他为什么好意思为难你。 ——摘自网络

永远记住对方丑陋的一面，不要听几句好话就心软，否则你所遭受的一切都是活该。 ——摘自网络

不要替任何人去做任何决定，成了，你不一定有功；败了，你一定有错。 ——摘自网络

利益

人为了谋取私利是不惜一切代价的。　　　　——勃朗宁

世界上有两根杠杆可以驱使人们行动——利益和　　——拿破仑
恐惧。

人的天性，对于自己的事情总很难照一般的法则　　——车尔尼雪夫斯基
去判断，却喜欢为了本身的利益而破例。

为了得到财产，人们悄悄地干了多少卑鄙无耻的　　——巴尔扎克
勾当！私人生活中每一件鸡毛蒜皮的小事，一跟
财产有关，就具有极大的利害关系。

以利益为主的阵营总是会动摇的，但以信念为主　　——巴尔扎克
的是分化不了的。

美德在自我利益中失落自己，正如小溪在大海里　　——拉罗什富科
失落了自己。

撒谎不是因为那符合他的利益，他撒谎是因为那是他的天性。

——史蒂夫·乔布斯

利益根本不是别的东西，只是我们每一个人视为幸福所必需的东西。

——霍尔巴赫

友谊永远不能成为一种交易，相反，它需求最彻底的无利害观念。

——莫洛亚

利益以所有种类的语言发言：玩弄所有种类的人，甚至玩弄无私者。

——拉罗什富科

单纯为自己的利益而打算的人，死了对人类倒是一种好处。

——托·富勒

大凡不亲手挣钱的人，往往不贪财；亲手赚钱的人才有一文想两文。

——柏拉图

人不能像地球一样，把自己的利益定作绕以旋转的轴心。

——培根

为自己的利益而争论，人人都是雄辩家。

——奥维德

个人的地位取决于他们的能力，个人的报酬将取决于他们的工效。

——圣西门

鸟翼上系上了黄金，鸟就飞不起来了。

——泰戈尔

人际篇

理智、正义和平等都没有足够的力量统治地球上
的人类，唯有利益有这种力量。　　　——杰弗逊

金钱是个好兵士，有了它就可以使人勇气百倍。
　　　——莎士比亚

处处抢先，事事占便宜的人多半要付出更高的
代价。　　　——索菲娅·罗兰

功利是一部机器的目的和检验机器价值的根据，
而善良只是人的目的和意愿。　　　——泰戈尔

贸易犹如血液，应该循环流通。　　　——德莱顿

商业世界的利益就在于能在世界各地发现财富。
　　　——埃德蒙·伯克

人们奋斗所争取的一切，都同他们的利益有关。
　　　——马克思

贪吝常常产生各种对立的效果：许多人为了某些
可疑和遥远的期望牺牲他们的所有财产，另一些
人却为了现在的蝇头微利而轻视将要来临的重大
利益。　　　——拉罗什富科

慷慨常常只是一种伪装的野心，它蔑视那些小的
利益是为了得到大的利益。　　　——拉罗什富科

一切亲人并不都是朋友，而只有那些有共同利益
关系的才是朋友。　　　——德谟克利特

如果我们能替别人的利益着想，那么我们的事业才能繁荣。我们的事业繁荣了，就会给更多的人带来利益。　　——吉田忠雄

世上有了利害关系的事多半是不容感情作用的。　　——叶公超

友情的基础是互惠。商人之间友情的基础是利益上的互惠，挚友之间友情的基础是心灵上的互惠。　　——汪国真

人见利而不见害，鱼见食而不见钩。　　——俗语

人际篇

礼节

礼仪是聪明人想出来的与愚人保持距离的一种　　——爱默生
策略。

礼貌是人类共处的金钥匙。　　　　　　　　　　——松苏内吉

礼貌经常可以替代最高贵的感情。　　　　　　　——梅里美

最好的礼貌是不要多管闲事。　　　　　　　　　——狄更斯

和蔼可亲的态度是永久的介绍信。　　　　　　　——培根

礼仪是微妙的东西，它既是人们交际不可或缺　　——培根
的，又是不可过于计较的。

一个打扮并不华贵，却端庄、严肃而有美德的　　——培根
人，是令人肃然起敬的。

生命并非短促得连讲究礼节的时间都没有。　　　　——爱默生

真正的礼貌就是克己，就是千方百计地使周围的　——蒲柏
人都像自己一样平心静气。

默默的拒绝就是已经同意了一半。　　　　　　　——绪儒斯

礼貌之于人性如同热量之于蜡烛。　　　　　　　——叔本华

一个人的礼貌，就是一面照出他的肖像的镜子。　——歌德

相熟的人表现出恭而敬之的样子，总是叫人感到　——歌德
可笑。

彬彬有礼的风度，主要是自我克制的表现。　　　——爱默生

礼仪的目的与作用本在使得本来的顽梗变柔顺，　——约翰·洛克
使人们的气质变温和，使他尊重别人，和别人合
得来。

当你思考准备说什么的时候，就做出一副彬彬有　——卡罗尔
礼的样子，因为这样可以赢得时间。

有两种和平的暴力，那就是法律和礼貌。　　　　——歌德

在人生道上能谦让三分，即能天宽地阔，消除一　——卡耐基
切艰难困苦，解除一切纠葛。

人际篇

越伟大的人，越有礼貌。 ——丁尼生

有礼貌不一定就是有智慧，但无礼貌却往往显得 ——兰道
很愚蠢。

知识使人变得文雅，而交际使人变得完善。 ——乔·富勒

礼貌是最容易做到的事，也是最珍贵的东西。 ——冈察尔

礼貌像只气垫：里面什么也没有，但是却能奇妙 ——约翰生
地减少颠簸。

"感谢"是有教养的人的产物，在那些粗鲁的人 ——约翰生
中间是无法听到的。

不要瞧不起任何人，因为谁也不是懦弱到连自己 ——伊索
受了侮辱也不能报复。

礼貌是教养的主要标志。 ——格拉西安

无礼是无知的私生子。 ——巴特勒

有什么样的目的就有什么样的礼节。 ——西塞罗

生活里最重要的是有礼貌，它比最高的智慧，比 ——赫尔岑
一切学识都重要。

尊重别人所尊重的人，就是尊重他本人，因为这
说明我们赞成他的判断。反之，尊重他的仇敌，
则是轻视他。

——霍布斯

礼貌是后天造就的好脾性，它弥补了天性之不
足，最后演变成一种近似真美德的习惯。

——杰弗逊

在人与人的交往中，礼仪越周到越保险，运气也
越好。

——卡莱尔

怀着善意的人，是不难于表达他对人的礼貌的。

——卢梭

过分有礼貌或过分粗暴，把人不是当神便是当鬼。

——德莱顿

作为一个人，对父母要尊敬，对子女要慈爱，对
穷亲戚要慷慨，对一切人要有礼貌。

——罗素

宴会上倘若没有主人的殷勤招待，那就不是在请
酒，而是在卖酒，还不如待在自己家里吃饭来得
舒服呢。

——莎士比亚

在宴席上最让人开胃的就是主人的礼节。

——莎士比亚

家庭是学习举止礼貌的好场所，如果你的孩子成
人后有良好的举止，这会使他们生活更加惬意
舒适。

——索菲娅·罗兰

人际篇

礼貌周全不花钱，却比什么都值钱。　　　　　　——塞万提斯

永不道歉是人生的金科玉律。君子不会想要他　　——沃德豪斯
人的道歉，小人则只会利用他人的道歉来谋取
好处。

不知道自己的尊严的人，他就完全不能尊重别人　　——席勒
的尊严。

守时是最大的礼貌。　　　　　　　　　　　　——路易十四

倾听是我们抚爱别人的最好方法，最有效的倾听　　——詹姆斯
是把全部注意力集中在谈话者身上。

所有的人毫无例外都是为了美好的将来活着，所　　——高尔基
以一定要尊重每一个人。

礼仪不良有两种：第一种是忸怩羞怯；第二种是　　——约翰·洛克
行为不检点和轻慢。要避免这两种情形，就只有
好好地遵守下面这条规则：不要看不起自己，也
不要看不起别人。

沟通

真正的沟通只能在想法相同、思维相同的人之间
才能进行。 ——诺瓦利斯

不仅要做，而且要说。 ——贝尔法尔

人们相互理解如此之少令人惊讶，更令人惊讶的
是这并不妨碍什么。 ——克莱斯海默

有错的总是那些不在场的人。 ——英国谚语

会议不会催生什么好主意，但却会消灭很多坏
主意。 ——菲兹杰拉德

好话价值高，成本低。 ——乔治·赫伯特

信息缺乏的地方，流言蜚语就会出现。 ——阿尔贝多·莫拉维亚

笑，实在是仁爱的象征、快乐的源泉、亲近别人 ——雪莱
的媒介。有了笑，人类的感情就沟通了。

一个好的倾听者不仅到处都受欢迎，而且还能很 ——佚名
快就了解到一些东西。

如果你给自己定价很低，放心好了，别人不会抬 ——佚名
价的。

人们能够容忍别人对那些他们做得很出色的事进 ——沃尔夫·施尔马赫
行批评，却不能容忍别人批评那些他们做不好
的事。

想让别人告诉你他们所知道的东西，必须先告诉 ——马基雅维利
别人你所知道的东西。获得信息的最好办法是提
供信息。

学会倾听，你从那些谈论最愚蠢的话题的人身上 ——柏拉图
也能得到有用的东西。

我倾听每个人的话，并把它们记下来。尤其是那 ——李奥·贝纳
些销售人员的话，因为他们接近顾客。

现实生活中有些人之所以会出现交际的障碍，就 ——卡耐基
是因为他们不懂得忘记一个重要的原则：让他人
感到自己重要。

在交谈中，判断比雄辩更重要。　　　　　　　　——格拉西安

即使会讲七种语言，也要保持沉默。　　　　　　——莫尔特克

擅长于沟通的管理者，也可能擅长于掩饰真正的　——柯利斯·阿格利斯
问题。

大部分人说话的时候比写作的时候更富有原创性。　——让·保罗

愈坏消息，应该用愈多气力沟通它。　　　　　　——安德鲁·格鲁夫

一个好的讲话应该把主题的所有方面都说尽，而　——丘吉尔
不是把听众的耐性都说尽。

有话要说的人，应该站到最前面，并保持沉默。　——卡尔·克劳斯

所有的领导行为都是通过把思想传达到别人头脑　——查尔斯·库利
里而进行的。

人们之所以争吵，是因为他们没学过辩论。　　　——切斯特顿

沟通是管理的浓缩。　　　　　　　　　　　　　——山姆·沃尔顿

管理就是沟通、沟通再沟通。　　　　　　　　　——杰克·韦尔奇

好的谈判策略关键在于能够刺激对方说出你想要　——汉斯·哈贝
的回答。

在那些只聚集着身份相当的人的地方，总是很快就出现无聊的局面，贯穿整个过程的总是愚蠢。

——路德维希·伯尔纳

一场争论可能是两个心灵之间的捷径。

——纪伯伦

吵架也是一种宣泄和沟通。可是当一对夫妻连吵架的热情也没有了，他们的婚姻必已濒临死亡。

——陈祖芬

谈话，和作文一样，有主题，有腹稿，有层次，有头尾，不可语无伦次。

——梁实秋

脾气

容易发怒，是品格上最为显著的弱点。 ——但丁

脾气暴躁是人类较为卑劣的天性之一，人要是发脾气就等于在人类进步的阶梯上倒退了一步。 ——达尔文

我们总喜欢品评他人。虽然如此，却不喜欢受人品评。 ——罗休夫柯

愤怒会把惩罚施加于他人，同时它也折磨着本人。 ——马尔提阿里斯

没有宽宏大量的心肠，便算不上真正的英雄。 ——普希金

忍耐与温柔是最大的力量。 ——哈特

人人都在赞美耐心，但有耐心的人却寥寥无几。 ——托马斯

好脾气是一个人在社交中所能穿着的最佳服饰。　　——都德

脾气坏的人往往把天气和风向当作一个借口来掩
饰他们那又暴躁又阴郁的脾气。　　——狄更斯

不要让别人的脾气左右自己的情绪。　　——乔纳森·萨法提

我们的性格即我们的自身。　　——柏格森

性格是一个人看不见的本质。　　——德·穆迪

有时候，我们需要向外界寻求帮助，来控制自己。　　——安妮特·浮漪

要求旁人都合我们的脾气，那是很愚蠢的。　　——歌德

才能自然形成，性格则涉人世之风波而塑成。　　——歌德

狂暴的人总是从一个极端到另一个极端。　　——托·富勒

火气甚大，容易引起愤怒的烦忧，是一种恶习而
使心灵向着不正当的事情，那是一时的冲动而没
有理智的行为。　　——阿伯拉德

好脾气宛如晴天，到处流放着光亮。　　——辛尼

凡是有良好教养的人有一禁诫：勿发脾气。　　——爱默生

糟糕的脾气常常给人带来好事之前的第一道坎。　——文森特·巴伯

恼怒将理智的灯吹熄，所以在考虑解决一个重大问题时，你必须脉搏缓慢，心平气和，头脑冷静。　——英格索尔

忧郁与愤怒，不但能使人消沉与沮丧，而且有可能置人于死地。　——福莱奇尔

你不能凭梦想形成自己的个性，你一定要千锤百炼为自己构成个性。　——夫鲁德

一个人失败的原因，在于本身性格的缺点，与环境无关。　——毛佛鲁

做一个真正的人，光有一个合乎逻辑的头脑是不够的，还要有一种强烈的气质。　——司汤达

一个人能够控制自己的脾气，胜过拿下一座城市。　——普罗夫·索克拉特斯

发一次怒对于身体的损害，比发一次热还厉害，所以一个常常心怀不平的人不能得到健康的身体。　——大仲马

乐观是养生的唯一秘诀。常常忧思和愤怒，足以使健康的身体变得衰弱而有余。　——屠格涅夫

心平气和的、认真的和实事求是的指导，才是家庭教导技术的应有的外部表现，而不应当是专横、愤怒、叫喊、央告、恳求。

——马卡连柯

没必要对孩子歇斯底里地发脾气，也没有必要唠叨个不停。早晨起来要洗脸刷牙，外出归来要洗手，弄乱的东西要放回原处等等，只要有机会就自然地教导孩子，这样不就行了吗？

——池田大作

卑怯的人，即使有万丈的怒火，除弱草以外，又能烧掉甚么呢？

——鲁迅

行动篇

行动，行动，唯有行动

目标

当你为造船而召集人手时，先别忙着给他们木头，制订计划和分派工作，你首先要教会他们向往无限辽阔的海洋。 ——安托尼·圣埃克苏佩里

如果一开始没有梦想，那么什么都不会发生。 ——卡尔·德伯格

目标就是有限期的梦。 ——列奥·B.赫尔策

众所周知，胸有大志者能屈能伸。 ——埃德蒙·伯克

向大目标走去，就得从小目标开始。 ——列宁

不知道自己驶向何方的人是不会体验到风的好处的。 ——蒙田

没有一定的目标，智慧就会丧失；哪儿都是目标，哪儿就没有目标。 ——蒙田

如果你在生活中总是选择次好的，那你也只能得到次好的。 ——肯尼迪

心中没有理想，生活便索然无味。 ——艾略特

只有自己有方向的人才能指出方向。 ——彼得·苏恩

永远不要失望，不要放弃。如果你不放弃，就不会被击败。 ——蒂德·特纳

人生应该树立目标，否则你的精力会白白浪费。 ——彼德斯

只要你能想到，你就能做到。 ——沃尔特·迪斯尼

唯有认识目标者，方能击中目标。 ——希腊谚语

人若没有目标，很快会一无所有。有个低微的目标也胜似毫无目标。 ——卡莱尔

要有生活目标，一辈子的目标，一段时期的目标，一个阶段的目标，一年的目标，一个月的目标，一个星期的目标，一天的目标，一个小时的目标，一分钟的目标。 ——列夫·托尔斯泰

自愿放弃的人多于真正失败的人。 ——亨利·福特

如果没有目标，即使辛苦一辈子，也一事无成。 ——比尔·科普兰德

行动篇

我们最大的弱点在于放弃，最确定的成功之路就是不断地去尝试。　　——爱迪生

当人们感到自己没有能力获得巨大的成功时，他们会鄙视伟大的目标。　　——沃维纳格

实现不了目标的唯一障碍是，你一直不敢相信自己有能力实现它。　　——乔丹·贝尔福特

不可能的字只有在愚人的字典里才可以翻出。　　——拿破仑

伟大的精力只是为了伟大的目的而产生的。　　——斯大林

有三种简单然而无比强烈的激情左右了我的一生：对爱的渴望，对知识的探索和对人类苦难的难以忍受的怜悯。这些激情像飓风，无处不在、反复无常地吹拂着我，吹过深重的苦海，濒于绝境。　　——罗素

人累的时候，还可以走得更远。　　——法国谚语

在瞄准遥远目标的同时，不要轻视近处的东西。　　——欧里庇德斯

若要到达指定的目的地，必须循由一条道路前进，不要在许多路上徘徊。　　——塞涅卡

目标再伟大，如果不去落实，永远只能是空想。　　——W.克莱门特斯通

理想不抛弃苦心追求的人，只要不停止追求，你们就会沐浴在理想的光辉之中。 ——巴金

梦想无论怎样模糊，总潜伏在我们的心境永远得不到宁静，直到这些梦想成为事实。 ——林语堂

单调的生活中，梦是个更换；乱离的生活中，梦是个慰安；困苦的生活中，梦是个娱乐；劳瘁的生活中，梦是个休息。 ——冰心

志气太大，理想太多，事实迎不上头来，结果自然是失望烦闷；志气太小，因循苟且，麻木消沉，结果就必至于堕落。 ——朱光潜

理想不是一只细瓷碗，破碎了不能够补；理想是朵花，谢落了可以重新开放。 ——刘心武

少年幻梦的破灭诚然令人心酸，但没有幻梦、没有破灭、没有酸楚的人生才是最可怕的。 ——刘心武

人生的奋斗目标不要太大，认准了一件事情，投入兴趣与热情坚持去做，你就会成功。 ——俞敏洪

行动篇

决策

一个人不是在计划成功，就是在计划失败。 ——洛克菲勒

谁如果想在做出决定之前把所有因素都考虑周详，谁就永远做不出任何决定。 ——阿米尔

每个人都想决策，但很少有人愿意为此思考。 ——腓特烈大帝

如果一次行动需要进行复杂的计算的话，那么就不要采取这次行动。 ——罗伯特·海勒

聪明才智只能给我们提供建议，行动才能决定一切。 ——格里尔帕策

谁如果做每个决定都很困难，那么他就任何一个决定也做不了。 ——哈罗德·麦克米兰

一个人能够成为老板，更多的原因可能在于他能迅速做出决定，而不是因为他的决定总是正确的。

——鲁尼

对经理人最有效的是"10：8原则"：做出10个决定，其中会有8个是正确的，2个是错误的。

——马蒂亚斯·贝尔茨

人和人之间最明显的区别在于：蠢人总是一再犯相同的错误，而聪明人总是犯新的错误。

——瓦格尔

一次良好的撤退，应和一次伟大的胜利一样受到奖赏。

——菲米尼

分析问题但不做出决定，胜于不经分析就去决定。

——约瑟夫·儒贝尔

任何时候，时机都是成熟的，问题在于对什么成熟。

——弗兰索瓦·莫里亚克

抓住时机并快速决策是现代企业成功的关键。

——艾森哈特

我们大家一致同意这个决定。我建议我们下次讨论延期进行，这样我们才有足够的时间让我们的意见产生分歧。

——艾尔弗莱德·斯隆

生活就是从不充分条件中得出充分结论的艺术。

——萨缪尔·巴特勒

行动篇

如果想得到高质量的决定，那么这个决定要由单个人来做。如果想得到一个能够被多数人都接受的决定，那么这个决定就要由团体来做。

——伯恩德·罗尔巴赫

真正伟大的人物喜欢做决定。他喜欢一锤定音，而且是通过行动。

——马丁·凯瑟尔

一切事情都由令人厌烦的各种委员会控制着，这导致决策太慢，还会出现一些危险的折中。

——约翰·梅道克斯

如果一个人区分不了大事和小事，那他就是一个没用的人。

——丘吉尔

实施一个不太圆满的决定胜于去追求永远不可能达到的圆满。

——戴高乐

具备决策的能力，这比任何其他事情都困难，因而也比任何其他事情都宝贵。

——拿破仑

任何时候，当你做出一个决定的时候，这个决定总是错的。

——马蒂亚斯·贝尔茨

必须拿出时间来对根本性的重大问题做出决策。这样一来，大量小的决策就可以省略掉了。在重大问题上多花费一点时间，比在小问题上节省时间更有效。

——托马斯·A.哈里斯

我们常常面临这样的困境：在所有的事实搞清楚 ——托马斯·A.哈里斯
之前就得做决定。

每个人都知道有种东西能让他的决策开始实施， ——塞涅卡
但并不是每个人都知道这种东西是什么。每个人
也都知道自己内心怀有一种行动的冲动，但并不
是每个人都知道这是一种什么样的冲动，它从哪
里来。

不是因为一件事很困难，所以我们不敢去做；而 ——塞涅卡
是因为我们不敢去做，所以这件事才显得困难。

管理的任务不是下发表格，而是根据具体情况做 ——艾尔弗莱德·斯隆
决定。

弱者在做出决定之前怀疑，强者则在做出决定之 ——卡尔·克劳斯
后怀疑。

我们对我们的心过于不信任，对我们的头脑却过 ——约瑟夫·鲁
于信任。

一个人去询问他人的意见，并不是因为他不知道 ——让·保罗
自己该做什么。相反，他心里同样清楚该做什
么，只是不愿意去做而已，他期待着从他所咨询
的那个人那里获得对于这个艰难决定的帮助。

行动篇

如果不是必须由你自己来做决定的话，就不要去
决定。如果你的一个员工向你提出一个问题，那
么你应该问问他自己对这个问题的答案。这种方
法不但能培养员工的能力，而且也能让你正确地
判断他的能力。

——亨利·L.杜赫提

生活中最糟糕的错误在于老是害怕自己会犯错。

——艾尔伯特·哈伯德

一个聪明的决定经常是出乎意料的、迅速的、未
经斟酌的；而愚蠢的决定却通常是深思熟虑的
结果。

——布鲁门塔尔

判断哪些东西享有优先权，也就是在选择哪些东
西应该保留下来。

——赫尔马·纳尔

好计划的真正目标不是计划本身，而是去改变做
决定的人头脑中的思维方式。

——阿里德·格斯

那些我们过去需要一个月时间做出的决定，现在
我们将在一个星期内就做出；过去需要一个星期
做出的，现在将在一天内就做出；而过去需要一
天做出的，现在将在一个小时里就做出。

——马克斯·霍珀尔

执行

第一条原则：千万不要亏损。第二条原则：千万
不要忘记第一条原则。 ——巴菲特

人生必须适可而止。做太多的准备却迟迟不去行
动，最后只会徒然浪费时间。 ——洛克菲勒

仅仅知道是不够的，还必须去运用；仅仅有意愿
是不够的，还必须有行动。 ——歌德

我们从学习中最终保留下来的只有那些我们进行
了实际运用的知识。 ——歌德

做事情越来越难，而阻碍事情却越来越容易。 ——曼弗莱德·隆美尔

在执行过程中产生问题通常不是因为人们不知道
该做什么，而是因为人们根本不去做。 ——赫尔曼·西蒙

拖延一件事就等于放弃一件事。 ——德鲁克

所有成功人士的共同特点是具有一种能够把决策 ——德鲁克
和执行之间的鸿沟压缩到最小的能力。

一个现在就强有力地加以执行的好计划，胜过一 ——乔治·S.帕通
个下星期才执行的完美计划。

凡是人类能够想象到的一切事情，都是可以去 ——布劳恩
做的。

正如我们决定着我们的行动，我们的行动也决定 ——乔治·艾略特
着我们。

没有无例外的规则。 ——克劳塞维茨

想法本身是留不住的，必须做点什么来留住它们。 ——怀特海

长远来看，人们总是通过一个人的行动来对他加 ——海涅
以判断，漂亮的言辞和礼貌一般来说只在瞬间
有效。

世界上没有比从良好的设想到良好的行动之间更 ——挪威谚语
漫长的距离。

一个人最强大的影响力不在于他说了什么，而在 ——罗曼诺·瓜尔蒂尼
于他是怎样的一个人以及他做了些什么。

行动，只有行动，才能决定价值。　　　　——约翰·菲希特

普通人总是等待着某些事情发生在他们身上，而　——A.A.米尔尼
从不着手工作去让这些事情发生。

想干大事业的人，必须放弃自己还能够享受到这　——腓特烈大帝
个大事业所带来的好处的愿望。

不是你之所是，而是你之所为，才是你永远不会　——黑贝尔
失去的财富。

一步实际行动比一打纲领更重要。　　　　　——马克思

我们关心的，不是你是否失败了，而是你对失败　——林肯
能否无怨。

别人认为你做不了的事情，只要你努力去做，就　——梭罗
会发现你能够做成。

如果你认为什么事情是正确的，那你就应该去做。　——黑塞

要想认识自己，就必须行动。　　　　　　——加缪

我最大的错误在于没有前进得更快一些，我本来　——杰克·韦尔奇
用一半的时间就可以完成这些改变的。现在回头
看，我当时太怯懦了，老是想尽可能多地寻找拥
护者。

行动篇

为了以后能够软一些，现在必须强硬。 ——杰克·韦尔奇

蠢人直到最后一刻才做的事情，聪明人在正确的
时机就做了。 ——海纳·利普纳

人是为行动而生，不是为苦思冥想而生的。 ——卢梭

人们缺少的不是力量，而是意志。 ——雨果

对于任何工作来说最重要的都是：无论如何得着
手。一旦开始，事情也就开始运行了。 ——卡尔·希尔迪

能够证明你能力的东西只有一样：行动。 ——艾欣巴赫

愚蠢无聊的人谈论蠢事，聪明人自己去干蠢事。 ——艾欣巴赫

只有那些我们一拖再拖的工作才会让我们觉得
累，而我们正在做的工作却不会让我们觉得累。 ——艾欣巴赫

你可以制定出世界上最好的战略，而这个战略
90%的内容在于如何执行它。 ——布里坦

教育的最伟大目标不是知识，而是行动。 ——赫伯特·斯宾塞

当一个人为自己的利益而战斗的时候，他会比为
权力而战更英勇。 ——拿破仑

世人只看重结果。不要谈论你做了什么样的努力，只要给他们看看你的成果就行了。 ——格拉索夫

任何规章都有某些例外，绝对通用的规章是没有。 ——罗·伯顿

良好的计划是一匹马，人们经常给它备上马鞍，却很少真正骑上它。 ——墨西哥谚语

我们是我们自己的行动所生出的孩子。 ——格里尔帕策

如果不去行动，善就无法成其为善。 ——凯斯特纳

把想象变成事实，这是成功的秘诀。 ——毕察

能干的人做事，无能的人教诲别人。 ——萧伯纳

有人等待时代发生改变，有人则带领时代开始行动。 ——阿里格耶里

理智不仅仅在于知识，还在于将知识转化为行动的能力。 ——亚里士多德

那些我们坚持去做的事情会变得越来越容易。并不是事情本身的性质发生了变化，而是我们做事的能力在这个过程中提高了。 ——爱迪生

行动篇

工作

工作的目的便是获得空闲。 ——亚里士多德

大家的疲惫一般并不是因为工作中自身，只是因 ——卡耐基
为焦虑不安和不悦。

一个人有好老板和合得来的工作伙伴，他就不会 ——莫里斯·S.特罗特
为多拿一些工资而调换工作。

觉得自己被大材小用了的人，不会被委以重任。 ——雅克·塔蒂

只有平庸的人才总是处于最佳状态。 ——毛姆

电子邮件和互联网就是为了让人们始终有事可忙。 ——赫尔曼·西蒙

在一个员工辞职之前很久，他的心就已经不在这 ——赫尔曼·西蒙
里了。

装模作样的人，往往是从来没做过什么重要事情的人。　——佚名

如果你说"抱歉，我没有时间生病"，那么任何疾病都会对你产生深深的敬畏。只有在那些会被舒舒服服地接受、爱护和照顾的地方，疾病才会做窝。　——希伯尔

凡是可说的东西，都可以说得清楚。凡是不可说的东西，我们最好保持沉默。　——维特根斯坦

事必躬亲是没有天赋的人的标志。　——理查德·绍卡尔

我在一些大公司看到很多极有天赋的人徘徊在较低的职位上。在一个大企业里，从底层职位晋升到中级职位对每个人来说都是其职业晋升过程中最难的一个阶段。　——格哈德·诺伊曼

最好的职位也免不了有些最令人烦恼的困难，因为大责任总是跟着大机会一块儿来的。　——德莱塞

别人用十句话能说完的意思，如果谁要用二十句话来说，那他做起别的蠢事来也不会含糊。　——约苏埃·卡尔杜奇

凡是不能用一页手稿加以概括的东西，就一定是未经深思熟虑的，同时也是不够成熟的。　——艾森豪威尔

行动篇

无论写什么，写得一定要短，这样别人才会去读；一定要清晰，这样别人才会理解；一定要生动，这样别人才会记住。

——约瑟夫·普利策

人生的要旨是脚踏实地地做好眼前的事，而不是把眼睛盯在远处的朦胧之物上。

——卡莱尔

没有任何一个真正有所成就的人能够在谈话中妙玉连珠，单凭这一点，简单的写作方式就值得推荐。

——利希滕贝格

工作是使生活得到快乐的最好方法。

——康德

自认为在控制着局面的人，事实上只是在与局面并排存在。

——伯依特洛克

坐在高头大马上的人，通常是那些不懂骑术的人。

——艾里希·布罗克

有耐心圆满完成简单工作的人，才能够轻而易举地完成困难的事。

——席勒

每个人，不管他遭到怎样的打击，都梦想着能过上更好的生活，并且只要一有机会，他就会像个斗士一样为了这个梦想而工作。

——梅瑞德·R.利特

要是一年四季全是游戏的假日，那么游戏也会变得像工作一般令人烦厌。

——莎士比亚

不能从工作中获得满足的人，永远都不可能获得
满足。

——彼得·鲁塞格尔

专心致志做事的人，是唯一能够真正取得成就的
人，因为他们在执行"使命"。任何时候，事情
总是由那些富有使命感的执着之人完成的。

——德鲁克

做少许事情而做得很好，胜于做许多事情而做得
很糟。

——苏格拉底

我们在生活中所需要的全部东西就是：狂妄和
自信。

——马克·吐温

职业生涯的三条规则：1.不要销售你自己都不愿
意买的东西；2.不要为你不尊重和不欣赏的人工
作；3.只和你喜欢的人一起工作。

——查理·芒格

我不想多说空话，多说大话，我愿意一点一滴地
做点事情，留点痕迹。

——巴金

行动篇

识人

精神的浩瀚、想象的活跃、心灵的勤奋：就是
天才。

——狄德罗

天才免不了有障碍，因为障碍会创造天才。

——罗曼·罗兰

天才有两大类型：一类是有思想的人，一类是有
想象力的人。

——迪斯累里

在高处的事物不一定就高，在低处的也不一定
就低。

——狄更斯

评价一个人不要根据他的天赋，而要根据他运用
天赋的能力。

——笛卡尔

与人相处的最高境界是：不将对方视为对手，而
是将他视为帮手。

——荷兰谚语

要想了解一个人，看看他的朋友就行了。　　——埃及谚语

没有非常的精力和非常的工作能力便不可能成为　　——李卜克内西
天才。

如我们所知，天才很少和发达的理智同时存在。　　——叔本华
相反，天才人物常常为强烈的激动和无理性的热
情所影响。

天才能够洞察眼前的世界，进而发现另一面世界。　　——叔本华

世界上还没有一种方法可以从一个人脸上探查他　　——莎士比亚
的居心。

人们往往用至诚的外表和虔敬的行动，掩饰一颗　　——莎士比亚
魔鬼般的内心，这样的例子实在是太多了。

河床越深，水面越平静。你看他外表像个老实　　——莎士比亚
人，心里藏着的诡计才是毒辣呢。

一切真正的天才，都能够蔑视毁谤；他们天生的　　——克雷洛夫
特长，使批评家不能信口开河。害怕大雨的，只
不过是假花而已。

能轻松地做到别人感到难做的事的人是人才，能　　——埃米尔
做别人感到不可能做的事的人就是天才。

行动篇

修凿可以使道路平直，但只有崎岖的未经修凿的
道路才是天才的道路。　　　　　　　——布莱克

一个具有天才禀赋的人，绝不遵循常人的思维
途径。　　　　　　　　　　　　　——司汤达

所谓大师，就是这样的人：他们用自己的眼睛去
看别人见过的东西，在别人司空见惯的东西上能
够发现出美来。　　　　　　　　　——罗丹

才能越高的人，其缺点往往也越明显，有高峰必
有深谷，谁也不可能十项全能。　——彼得·杜拉克

卓越的天才对于别人走过的路不屑一顾，他们憧
憬追寻的是迄今尚未开垦的土地。　——林肯

在平庸的国度里，天才就意味着危险。　——英格索尔

天才蒙受冤屈，他的英名便会因此而传遍天下。　——塔西佗

所谓天才人物指的就是具有毅力的人、勤奋的
人、入迷的人和忘我的人。　　　　——木村久一

听任何人说话，从他言语的贫乏或是华美上面，
立刻就可以知道他过去是否充分地生活过。——爱默生

伟大天才的传记最短，就连他们的亲属也说不出　——爱默生
多少细节。天才终日埋头于笔耕，以至于他们的
家庭和社会生活竟因此而显得微不足道和平凡。

当你身处顺境，只在接受邀请才来访，而当你身　——奇奥佛拉斯塔
处逆境时不邀自来的人，才是真正的朋友。

对一件事唯一知道最多的，往往是那个不露声色　——弥尔顿
的人。

对于我们终日接近的人，我们反而只有在离开以　——屠格涅夫
后，才能够充分了解。

天才们无论怎样说大话，归根结蒂，还是不能凭　——鲁迅
空创造。

哪里有天才，我是把别人喝咖啡的工夫都用在工　——鲁迅
作上的。

即使天才，在生下来的时候的第一声啼哭，也和　——鲁迅
平常的儿童的一样，决不会就是一首好诗。

天资并不带来任何技巧，天资只提供学习任何技　——茅盾
巧的可能性。

话讲得越漂亮的人做起事来越不漂亮。　——巴金

行动篇

凡是人才都不同于庸众，它比普通人有些"出格"。　　——任继愈

所谓的"天才"，无非是在很早的时候就找到了　　——刘震云
一件自己最喜欢的事情，不断地专注其中。

博学家一辈子说别人说过的话，天才则能说出自　　——周国平
己的话，哪怕一辈子只说出一句，却是前无古
人、后无来者的，是非他说不出来的。这是两者
的界限。

聪明用于正路，愈聪明愈好；聪明用于邪路，愈　　——金缨
聪明愈谬。

大事不糊涂之谓才。　　　　　　　　　　　　　——魏源

用人

·※·

天才是难以驾驭的，天才的脉管里流淌着汹涌澎 ——霍姆斯
湃的血液，以至于桀骜难驯。

世界随时准备敞开怀抱接纳人才，但它却时常不 ——霍姆斯
知道该怎样对待天才。

在天才和勤奋两者之间，我毫不迟疑地选择勤 ——爱因斯坦
奋，她几乎是世界上一切成功的催生婆。

要使山谷肥沃，就得时常栽树。我们应该注意培 ——约里奥·居里
养人才。

人类中的每一种人才，同每一种树一样，都有它 ——拉罗什富科
自己完全特殊的性质和果实。

专心致志是个性的唯一基础，同样也是才干的唯 ——爱默生
一基础。

用人不在于如何减少人的短处，而在于如何发挥人的长处。 ——彼得·杜拉克

卓越的才能，如果没有机会就将失去价值。 ——拿破仑

任何一个国家，不管它多么富裕，都浪费不起人力资源。 ——罗斯福

好乐队与坏乐队的最大差别在于好乐队的每个座位上的人都很重要。 ——小泽征尔

在人才发展上必须注意的事项是，不管派任的职务轻重，都应赋予其全权处理的职权。 ——山姆托伊

埋没在底层的人才真正值得敬重，他一辈子辛勤，一辈子奔忙，不求声誉和光荣，只有一种思想给他鼓动，为公众利益而劳动。 ——克雷洛夫

只有有天才的人才能发现天才的幼芽，发展这些幼芽，并善意地给予他们以必要的援助。 ——圣西门

能忍耐的人才能达到他所希望达到的目的。 ——富兰克林

一味的正直是不够的，还得考虑温厚和宽恕才是。 ——乔叟

一丁点忠诚，抵得上一大堆智慧。 ——阿尔伯特·哈伯特

一个人不可能精通所有的事，每个人都有他的特长。　　——欧里庇得斯

只有那些晓得控制他们的缺点，不让这些缺点控　　——巴尔扎克
制自己的人才是强者。

才能和天才的差别就如同泥瓦匠和雕塑家的差别。　　——英格索尔

无所不能的人实在是一无所能，无所不专的专家　　——邹韬奋
实在是一无所专。

一个人的才力是长于此，则短于彼的。一手打着　　——老舍
算盘，一手写着诗，大概是不可能。

才华是刀刃，辛苦是磨刀石。很锋利的刀刃，若　　——老舍
日久不用石磨，也会生锈，成为废物。

有德有才，破格重用；有德无才，培养使用；有　　——牛根生
才无德，限制使用；无德无才，坚决不用。

在信息时代，一个很优秀的人的生产量会超过一　　——李开复
个普通的人，所以我们要爱惜每一个人，给每个
人很好的环境以发挥他的潜力，这些方面是一些
很普遍的对人才的认可。

能用人者，无敌于天下。　　——王夫之

行动篇

227

经验

过去是什么？就是你自己！　　　　　　　　　　——孚伊希特斯勒本

你必须找时间整理好你的过去并记住它。　　　——迈耶·弗里德曼

我们不会通过回忆过去而变得聪明，而是通过对　——萧伯纳
我们未来的责任心而变得颖慧。

人们只有在数百年之后才能知道哪一条消息是重　——尼采
要的。

当我多年后再次见到我年轻时认识的人时，我　——贾柯莫·莱奥帕尔迪
的第一反应就是，我好像遇到了一个饱经沧桑
的人。

不从过去学习，必定重复过去。　　　　　　　——乔治·萨塔亚纳

228

具有丰富知识和经验的人，比只有一种知识和经　——泰勒
验的人更容易产生新的联想和独到的见解。

记忆力不好，就会省去很多悔恨。　——约翰·奥斯本

昨天还想要的东西，今天就必须得到，这是很痛　——卡尔·古茨科
苦的。

我们公司内遇到麻烦的人是那些按老章程办事　——杰克·韦尔奇
的人。

生存就是变化，变化就是积累经验，积累经验就　——柏格森
是无休止地创新自己。

昨天的职业都是受人尊敬的职业。职业越新，就　——赫尔曼·西蒙
越不受人尊敬——收入通常就越多。

从书本上获得他人经验的财富只是博学。自己的　——莱辛
经验才是智慧。

进步最大的敌人不是错误，而是懒散。　——巴克勒

有经验的人就是那些知道什么是行不通的人。　——伯恩德·罗尔巴赫

读书补天然之不足，经验又补读书之不足。　——培根

不要读历史著作，只读人物传记，因为这是没有　——迪斯累里
理论的生活。

229

每个人都会犯错误，但只有笨蛋才坚持他的错误。 ——西塞罗

经验是宝贵的学校，而傻瓜却从中一无所得。 ——富兰克林

经验并不是指某人发生了什么，而是指他从中得 ——赫胥黎
到了什么。

经验和不幸会使有价值的人变得更为优秀。 ——佩斯塔洛奇

经验就是人们为自己所犯的错误起的名字。 ——王尔德

对大多数人来说，经验犹如船尾的灯，只照亮走过 ——柯勒律治
的行程。

经验就是通过失去而变得富有。 ——维尔登布鲁赫

向自己的经验学习，付出的代价太昂贵了，学习 ——蒙哥马利
别人的经验不仅快而且更经济。

人在四十岁后就不再改变自己的哲学了。 ——威廉·布什

昨天成功的公式就是明天失败的良方。 ——格拉索夫

自己经验的最微不足道的价值要比他人的百万条 ——莱辛
经验更有价值。

养成一个好习惯要比戒除一个坏习惯容易得多。 ——普拉腾

在人们必须学乖之前就有了经验，那这种经验才有价值。 ——瓦格尔

经验是一所很贵的学校，但傻瓜们除此之外却无处可去。 ——德国谚语

如果一个人今天只做昨天已做过的事情，那么他明天就只能是今天的样了。 ——君特·庇夫

人类唯一感到惬意是在习惯中；就连我们已经习惯了不快也舍不得丢掉。 ——歌德

只有傻瓜才相信从自己的经验中学习。我宁可从他人的经验中学习，以便从一开始就避免自己犯错误。 ——俾斯麦

经历越广泛，个性越坚强。 ——甘地

经验是最好的师傅，但学费不菲。 ——卡莱尔

譬如一碗酸辣汤，耳闻口讲的，总不如亲自呷一口的明白。 ——鲁迅

行动篇

经验是生活的肥料，有什么样的经验便变成什么样的人。 ——老舍

挫败使人苦痛，却很少有人利用挫败的经验修补自己的生命。这份苦痛，就白白地付出了。　　——三毛

成功的经验固然难能可贵，失败的经验或许更有实用。　　——杨绛

智慧不单单是天赋的独生女，她还是阅历、经验、胆魄三位共同的学生。　　——毕淑敏

力量

世界上最强大的人是那些独自挺立的人。 ——易卜生

弱者的意志力被称为顽固。 ——艾欣巴赫

推动时代前进的是个性，而不是原则。 ——王尔德

成就通常是一个人不断提高自己的抱负和期望的
产物。 ——杰克·尼克劳斯

要想做出点什么，首先得成为点什么。 ——歌德

掌握权力的人没有时间读书，但是不读书的人掌
握不好权力。 ——依萨克·富特

每个强大的人都有自控的力量。 ——拿破仑·希尔

生活中有个有趣的现象：如果你除了最好的什么都不要，那么你常常真的能够得到最好的。　　——毛姆

知识给予人内在的力量，成就给予人外在的诱惑。因此许多人不是注重自身的真才实学，而是抵挡不住成就的诱惑。　　——培根

力量通过自愿的释放而扩增。　　——赫尔曼·西蒙

过一种有规律的生活是很困难的事情，唯一比这更加困难的事情是去强迫别人也过这种生活。　　——马塞尔·普鲁斯特

真正有威信的人不怕承认自己的错误。　　——罗素

任何激将法，都不能给生来懦怯的人增加力量。　　——伊索

一个怀着信仰的人比九十九个怀着兴趣的人更有力量。　　——约翰·斯图亚特·密尔

一个目标笃定的人一定能够实现目标，而那些为了成功不惜牺牲平静生活，具有坚强意志的人将无往不胜。　　——迪斯累里

入不敷出，这样你才能被迫努力工作，被迫去取得成功。　　——爱德华·G.罗宾逊

人的一切力量都是在与自己搏斗并超越自己的过程中获得的。　　——费希特

尽你所能做到最好，因为这是你唯一能做的。 　　——爱默生

当你想到有多少人走在你前头的时候，也要想想，有多少人还跟在你后面。 　　——塞涅卡

人有多少知识，就有多少力量，他的知识和他的能力是相等的。 　　——培根

在任何情况下都能保持镇静，毫不慌乱。没有任何东西比这种素质更能赋予一个人领先他人的优势。 　　——托马斯·杰斐逊

此刻的我悲伤地向我想要成为的那个我致敬。 　　——卡尔·拉纳

若想闯荡世界，必须带上大量的谨慎和思虑作为装备。 　　——叔本华

下命令会延长人的寿命，这就是大将军和指挥官们长寿的原因。 　　——霍华德·T.亨特

要想成为一个伟大的冠军，你必须首先相信自己是最棒的。即便你不是最棒的，也要装作是。 　　——穆罕默德·阿里

有两种东西最能够赋予心灵以力量：对真理的信任和对自己的信任。 　　——塞涅卡

强大的人哪怕互为敌人，也总是能够彼此理解。 　　——塔里兰

行动篇

235

世界上没有什么东西比一个精神独立的男人所具
有的影响力更值得敬畏。　　　　　——爱因斯坦

真正有力量的人把他的力量藏在衣领下面，而不
是挂在纽扣眼里。　　　　　　　——保罗·雷热菲特

世间最难完成的告别就是与权力告别。　——乔治·克里蒙梭

经理们20%的时间用来从事创造性的工作，80%
的时间用来保卫自己办公桌后面那个座位。　——葛茨·霍恩斯坦

爱的需求或力量一旦死去，人就成为一个活着的
墓穴，苟延残喘的只是一副躯壳。　　　　——雪莱

我们的命运由我们的行动决定，而绝非完全由我
们的出身决定。　　　　　　　　　　——洛克菲勒

不论是要赢得财富，还是要赢得人生，优秀的人
在竞技中想的不是输了我会怎么样，而是要成为
胜利者我应该做什么。　　　　　　　——洛克菲勒

我不喜欢取得一时的胜利，我要的是持续不断的
胜利，只有这样我才能变成强者。　　　——洛克菲勒

累坏自己总比放着朽坏要好。　　　　　——洛克菲勒

品行篇

人品是最好的运气

品味

没有人会有很坏的品味，但某些人是根本没有品味。　　——利希滕贝格

没有不好的天气，只有不合适的衣服。　　——约翰内斯·米勒

一个人必须有高雅品味，才不会人云亦云，随波逐流。　　——儒弗鲁瓦

奢侈只是从他人的劳动中获得安乐而已。　　——孟德斯鸠

除真挚的心灵外，别无高贵的仪容。　　——拉斯金

我们的生活样式，就像一幅油画，从近看，看不出所以然来，要欣赏它的美，就非站远一点不可。　　——叔本华

我们的幸福十之八九是建立在健康的基础上的。 ——叔本华
由此可以得出结论：最愚蠢的事情就是牺牲健
康，无论是为了什么目的：利益也好，博学也
好，荣誉也好，晋升也好。我们应该把所有这些
东西都排在健康后面。

我是孤独的，我是自由的，我就是自己的帝王。 ——康德

笨蛋自以为聪明，聪明人才知道自己是笨蛋。 ——莎士比亚

要是您想达到您的目的，您必须用温和一点的态 ——莎士比亚
度向人家问话。

虽然我们走遍世界去寻找美，但是美这东西要不 ——爱默生
是存在于我们内心，就无从寻找。

早起早睡使一个人健康、富有、乏味。 ——詹姆斯·瑟伯尔

永远都要在鞋子和床上多花点钱，因为任何时 ——英国军队训诫
候，你不是在穿着鞋子就是躺在床上。

人生太短暂了，事情是这样地多，能不兼程而 ——爱迪生
进吗？

在老年时，会有许多闲暇的时间，去计算那过去 ——泰戈尔
的日子，把我们手里永久丢失了的东西，在心里
爱抚着。

品行篇

真正的美德不可没有实用的智慧，而实用的智慧 ——亚里士多德
也不可没有美德。

品味比智慧传播得还要少。总之，如同一个傻瓜 ——赫尔曼·西蒙
不知道自己傻一样，一个没品味的人也不会感觉
到自己没品味。

论命运如何，人生来就不是野蛮人，也不是乞讨 ——霍勒斯·曼
者。人的四周充满真正而高贵的财富—身体与心
灵的财富。

我渴望随着命运指引的方向，心平气和地、没有 ——魏尔伦
争吵、悔恨、羡慕，笔直走完人生旅途。

读书不多的人，才需要卖弄聪明，借以炫耀自己 ——培根
比实际更有学问。

如果你浪费了自己的年龄，那是挺可悲的。因为 ——王尔德
你的青春只能持续一点儿时间——很短的一点儿
时间。

品味是天才的常识。 ——夏多布里昂

青年总是年轻的，只有老年才会变老。 ——杰克·伦敦

虽然自尊心不是美德，但它是多数美德的双亲。 ——柯林斯

我们破灭的希望，流产的才能，失败的事业，受
了挫折的雄心，往往积聚起来变为忌妒。　　——巴尔扎克

过放荡不羁的生活，容易得像顺水推舟，但是要
结识良朋益友，却难如登天。　　——巴尔扎克

如果没有人性情感的调和，智慧和教育根本毫无
价值。　　——丹尼尔·凯斯

众所周知，觉得自己缺少才智和品味的人微乎
其微。只有一小部分人表示怀疑，而奇怪的是，
恰恰是这些人才没有理由去怀疑自己的才智和
品味。　　——托尼·麦斯纳

最成功的说谎者是那些使最少量的谎言发挥最大
作用的人。　　——塞·巴特勒

人的一切都应该是美丽的：面貌、衣裳、心灵、
思想。　　——契诃夫

品味是精神的节奏感。　　——布夫莱

在人的生活中最主要的是劳动训练。没有劳动就
不可能有正常人的生活。　　——卢梭

品行篇

我愿意接受形形色色的生活，不管它是怎样忧伤痛苦；我觉得只有生生不息，一个生命接一个生命，才能满足我的企求，我的活力，我的好奇心。

——毛姆

我读的书愈多，就愈亲近世界，愈明了生活的意义，愈觉得生活的重要。

——高尔基

人生并不像火车要通过每个站似的经过每一个生活阶段。人生总是直向前行走，从不留下什么。

——刘易斯

当自律变成一种本能的习惯，你就会享受到它的快乐。

——村上春树

她们把自己恋爱作为终极目标，有了爱人便什么都不要了，对社会作不了贡献，人生价值最少。

——向警予

事物的细节是规律性的，事物的整体是命运性的。

——木心

回忆这东西若是有气味的话，那就是樟脑的香，甜而稳妥，像记得分明的快乐，甜而怅惘，像忘却了的忧愁。

——张爱玲

涵养与修养并非虚伪，故意使人难堪并非率直，这里边有很大分别。

——亦舒

改变

在我的藏书室里，我打算阅读的书籍有数千卷之多，其增加的速度远远超过了我的阅读。　　——艾里亚斯·卡内蒂

我觉得人们应该去读那些刺痛他们的书。如果一本书不能像一记重拳那样击醒我们，那读它有什么用？　　——卡夫卡

人无法教育别人，只能帮助别人自己发现自己。　　——伽利略

如果你想改变人们，就必须首先爱他们。　　——佩斯塔洛奇

没有人说只要改变就一定意味着变得更好，但更好却一定意味着改变。　　——利希滕贝格

我当然不能说，如果事情改变了，就一定是变好了，但是我敢说，如果想要变好，就必须要改变。　　——利希滕贝格

变化必须由企业的领导层来推动，而且必须从领导层开始。 ——威廉·维根霍恩

如果你不想让一个人害怕危险，那么就训练他去面对危险。 ——塞涅卡

进步是一个美好的词。但是进步的驱动力是变化，而变化拥有众多敌人。 ——肯尼迪

我们所有人都应该关心未来，因为我们将在那里度过余生。 ——查尔斯·F.凯特林

预言未来的最好办法就是去创造它。 ——阿伦·凯

我们的问题应该在未来，而不是在过去寻找答案。 ——弗雷德里克·费斯特

每个三十岁以下的人，如果对现存世界秩序有所了解，但却没有改变它的冲动，那么他就是一个劣等人。 ——萧伯纳

热情的改革者们必须懂得，如果他们太超前于迟钝的大众，那么他们会被夺去一切权力。 ——威尔逊

声称一切都未曾改变的人是对的，声称一切都已经改变了的人也是对的。 ——赫尔曼·西蒙

企业若想持续取得成功，必须依赖变革管理学。 ——赫尔曼·西蒙

如果一个人讲话速度太快、太慢，或者声音太小，那么不管他是多么聪明，他想改变自己这个习惯都几乎是不可能的。　——赫尔曼·西蒙

变化是生活的起跑线，新的一天就从这里开始。　——提奥多·冯塔纳

改变好习惯比改掉坏习惯容易得多，这是人生的一大悲哀。　——毛姆

在需要做出巨大改变的时候，渐变是没用的。如果改变不是足够的大。那么人们就会深受官僚之苦。　——杰克·韦尔奇

变化没有拥戴者，人们都拥戴固定不变，所以必须做好准备面对大量的阻力。　——杰克·韦尔奇

猫即使当了女王，也改变不了捕鼠的旧习。　——贝尔奈

改变和痛苦经常是同义词，而若想获得成功，则必须同这两者打交道。　——列奥·B.赫尔策

要改变人而不触犯或引起反感，那么，请称赞他们最微小的进步，并称赞每个进步。　——卡耐基

改变自己的观点比忠实于自己的观点更需要勇气。　——黑贝尔

不要害怕迈出重大的一步——你无法用两小步跳跃跨过峡谷。　——戴维·利奥–乔治

品行篇

随着年龄的增长，人会抗拒能带来根本性改善的变化，这是人的天性。 ——约翰·斯坦贝克

成为一场变化的一分子，胜于停在原地为事物哀悼。 ——拉格菲尔德

今天的反叛者就是明天的独裁者。 ——约翰纳斯·谢尔

改变人们的一种方法是有区别地看待他们。 ——巴里·斯蒂文斯

如果我们想要一切都保持现状，那么我们就必须改变一切。 ——兰佩杜萨

作为消费者，人们热烈拥护新技术，但在工作间里，他们却抵制新技术。 ——克劳斯·凯尔尼希

我们这一代人最伟大的发现是，人类可以通过改变自己的态度来改变自己的生活。 ——威廉·詹姆斯

谁如果明白他的现实其实是由他自己构建的，那么他就真正自由了。因为他知道，他随时都可以改变他的现实。 ——保尔·瓦茨拉维克

只有在车子已经开动之后，我们才需要转动方向盘。 ——艾米尔·戈特

一个企业的职员中，总有20%的人在促成变化，另外80%的人则忙于抵制和阻碍变化。 ——佚名

想一想改变自己是多么困难吧，然后你就会明白改变他人的可能性是多么微乎其微。

——布兰德

任何时候，只要有变化，就有机会。所以一个企业必须保持活力，而不是瘫痪停滞，这一点至关重要。

——杰克·韦尔奇

很多超前于时代的人都不得不在一种很不舒服的状态下等待时代跟上他们的步伐。

——斯坦尼斯洛·勒克

改变公司员工的心态是所有战略性变革中所需时间最长的一项。

——大前研一

婚姻确乎改变了某些情况，其中包括时间的支配和使用。

——夏洛蒂·勃朗特

品行篇

创新

对于每一个复杂的问题，简单、讨巧的办法往往
是错误的。　　　　　　　　　　　　　　——亨利·L.孟肯

所谓创造的能力，就是经过深思的模仿。　——伏尔泰

创造力并不来自对知识的掌握，而是不知从何处
捡来的概念所发展出来的。不过是一场小小的游
戏而已。　　　　　　　　　　　　　　　——山本耀司

天才的主要标记不是完美而是创造，天才能开创新
的局面。　　　　　　　　　　　　　　——亚瑟·柯斯勒

如果你要成功，你应该朝新的道路前进，不要跟
随被踩烂了的成功之路。　　　　　　　　——洛克菲勒

天才是创造不能按既定规则去创造的那种东西的　　　——康德
才能，它不是可以根据某种规则学习到的那种技
巧本领。因此，独创性必然是天才的基本特性。

五台电脑就能成就一个全球市场。　　　　　——托马斯·J.沃特森

创新有时需要离开常走的大道，潜入森林，你就　——朗加明
肯定会发现前所未见的东西。

对于创新来说，方法就是新的世界，最重要的不　——郎加明
是知识，而是思路。

模仿不能成大器。　　　　　　　　　　　　——约翰生

当一个人说出某种新的想法时，没有人愿意倾　——斯威夫特
听，也没有人愿意相信，他遭到反对和嘲笑。
但当他的想法得到实施时，人们又会觉得很平
常了。

想出新办法的人在他的办法没有成功以前，人家　——马克·吐温
总说他是异想天开。

即使你很成功地模仿了一个有天才的人，你也缺　——雨果
乏他的独创精神。

科学到了最后阶段，便遇上了想象。　　　　——雨果

品行篇

创新意味着使用受过科学训练的人，让他们用少 ——维尔纳·P.迈耶
量的钱生出更多的钱。

我们从失败中学到的东西要比在成功中学到的东 ——斯迈尔斯
西多得多。

要是没有能独立思考和独立判断的有创造能力的 ——爱因斯坦
个人，社会的向上发展就不可想象。

你不能等别人为你铺好路，而是自己去走，去犯 ——古祖特
错，而后创造一条自己的路。

独创性不是为天才可有可无的东西，而是天才必 ——别林斯基
要的属性，是区别天才和单纯的才能或才赋的
界线。

不经过迷惑，你总不会聪明！要成长你总要独创 ——歌德
才行。

在评价一个企业的时候，我们总是估量全部的固 ——阿夫赫尔特
定资产。但隐藏在一个企业中的知识、创新潜力
和激励机制，对于未来却更为重要。

独辟蹊径才能创造出伟大的业绩，在街道上挤来 ——布莱克
挤去不会有所作为。

常人长于重复，天才长于创造。 ——惠尔普

诗歌的灵魂在于创新，即创造出使人意想不到的，惊叹不已和赏心悦目的东西。 ——塞缪尔·约翰逊

灵感——这是一个不喜欢采访懒汉的客人。 ——车尔尼雪夫斯基

保守是舒服的产物。 ——高尔基

既然像螃蟹这样的东西，人们都很爱吃，那么蜘蛛也一定有人吃过，只不过后来知道不好吃才不吃了，但是第一个吃螃蟹的人一定是个勇士。 ——鲁迅

要进步或不退步，总须时时自出新裁。 ——鲁迅

凡富于创造性的人必敏于模仿，凡不善模仿的人绝不能创造。 ——胡适

守旧的头脑是一切进步的大障碍。 ——陶行知

独创有两方面：一是形式的新颖，一是个人人格的化入。 ——金克木

想象是创造的先导，想象力越丰富，创造力就越强。 ——陈福民

越是富有想象力的人越易触犯常规，越是伟大的创造就越是对既成事物和观念的重大突破。 ——金忠明

品行篇

学习

学习不是舒服的事情，它让人痛苦。 ——亚里士多德

人一旦停止学习，就老了，不管他是二十岁还是八十岁。人只要不停止学习，就依旧年轻，不管他是二十岁还是八十岁。 ——亨利·福特

学习只是教我们学会一门功课：怀疑。 ——萧伯纳

世界上有许多好书，但这些书仅仅对那些会读它们的人才是好的。 ——皮丁

你必须从别人的错误中学习，你不可能在你短短的一生中犯下所有的错。 ——萨姆·列文森

游手好闲的学习并不比学习游手好闲好。 ——约翰·贝勒斯

背得烂熟还不等于掌握知识。 ——蒙田

人的一生或许是一个不间断的学习过程，但无须在学校完成。 ——蒙田

我们接受的东西越多，则我们的精神领悟力就越强。 ——塞涅卡

我们常常看到一些人，成年累月地坐在教室里却毫无所获。在这些听众中你会发现一大部分人只是把教育机构当作游手好闲之余的休息室。 ——塞涅卡

灵感，不过是顽强的劳动而获得的奖。 ——列宾

当你还不能对自己说今天学到了什么东西时，你就不要去睡觉。 ——利希顿堡

我的努力求学没有得到别的好处，只不过是愈来愈发觉自己的无知。 ——笛卡尔

只要一个人还在学习，还在接受新的习惯，并且还能承受矛盾，就依然保持年轻。 ——艾欣巴赫

一无所知的人必定相信一切。 ——艾欣巴赫

在某些情况下，理智也被叫作胆怯。 ——艾欣巴赫

品行篇

只要你的孩子还在上学，你就也在上学，直至大学都是如此。 ——赫尔曼·西蒙

你应该小心一切假知识，它比无知更危险。 ——萧伯纳

所有的智慧都已经被思考过了，人们所能做的就是再一次思考。 ——歌德

从来没有人为了读书而读书，只有在书中读自己，在书中发现自己，或检查自己。 ——罗曼·罗兰

多诈的人藐视学问，愚鲁的人羡慕学问，聪明的人运用学问。 ——培根

把学问过于用作装饰是虚假；完全依学问上的规则而断事是书生的怪癖。 ——培根

唯一重要的学习就是那种有能力作出决断和实施的人的学习，即决策管理者的学习。 ——阿里德·格斯

我学习了一生，现在我还在学习，而将来，只要我还有精力，我还要学习下去。 ——别林斯基

学习不止于课堂，人生也是一所学校。 ——杜威

读书是易事，思索是难事，但两者缺一，便全无用处。 ——富兰克林

人的知识愈广，人的本身也愈臻完善。　　——高尔基

在我一生中，我所知道的智者，没有一个不是在无时无刻地学习的。当你知道巴菲特及我的阅读量时，你肯定会感到震惊。我的孩子们嘲笑我，他们认为我其实就是长了两条腿的一本书。　　——查理·芒格

每天结束时，努力使自己比早上起床时更加睿智一些。忠诚且出色地履行自己的职责，每天进步一点点。最终，如果足够长寿，大多数人都会获取应得的回报。　　——查理·芒格

专看文学书，也不好的。先前的文学青年，往往厌恶数学，理化，史地，生物学，以为这些都无足轻重，后来变成连常识也没有。　　——鲁迅

除书本上的知识外，尚须从生活的人生中获得知识。　　——茅盾

学习文学而懒于记诵是不成的，特别是诗。一个高中文科的学生，与其囫囵吞枣或走马观花地读十部诗集，不如仔仔细细地背诵三百首诗。　　——朱自清

品行篇

能力

─────────── ✦ ───────────

如果你很聪明，为什么你不富有呢?　　　　　　　──《美国问题研究》杂志

人们愿意相信自己的不幸，而不相信自己的无能。　　　──原野

很少有人不会做别的，而能把生意做好的。　　　　　──斯坦侯伯

独立自主意味着保持一种距离，在这个保持距离　　　──阿恩特
的过程中始终存在痛苦。

您交给我的这项任务太难了，以至于我都不敢拒　　　──欧内斯科·斯塔林
绝它。

他们的脑袋有时小得放不下才智，有时大得放不　　　──托·富勒
满才智。

一个有负责能力的人就是人家可以对他托付一切的人。　　——布莱希特

独立能力是人生的基础。　　——穆尼尔·纳素夫

我们将精力集中在我们能够做的事情上面，然后把它做成世界规模。　　——格哈德·克罗默

常人的见识，加上非凡的能力就是政治家的素质。　　——白哲特

没有才智比没有金钱更不幸。　　——约翰·雷

所谓才能就是做什么事情都难不倒。　　——爱默生

他们把自己没有能力做的事情都认为是不可能的。他们从自身的弱点出发，评判他人的能力。　　——塞涅卡

当今领导，集中到一点，就是他有能力使他的下属信服而不是简单地控制他们。　　——亨利·艾利斯

成功和能力的关系少，和热心的关系大。　　——贝克登

一个人，只有在实践中运用能力，才能知道自己的能力。　　——小塞涅卡

才能不是天生的，可以任其自便的，而是要钻研艺术。请教良师，才会成材。　　——歌德

品行篇

257

才能在退隐中得以发挥，而个性却在闯荡中形成。 ——歌德

凡是有才能的人总会受到外在世界的压迫。 ——歌德

我们的脑袋之所以是圆形，是为了能改变思想的 ——弗兰西斯·皮卡比亚
方向。

多数人的失败，都始于怀疑他们自己在想做的事 ——司各特
情上的能力。

大学能培养一切能力，包括愚蠢。 ——契诃夫

专家并不是学识渊博，因为他们从不关心不属于 ——加塞特
自己专业的事情。但他也不是胸无点墨的，因为
他是科学界人士，在他的专业世界博大精深。我
们必须称他们是学问的愚昧者，而且这是件非常
严肃的事情，因为有人说他们对于自己并不理解
的问题表现得非常骄横，就像那些在这一领域里
的权威人士一样。

真有才能的人总是善良的，坦白的，爽直的，决 ——巴尔扎克
不矜持。

没有能力使用权力的人等于没有权力。 ——菲·贝利

如果你想有所收获，就要对自己有所约束。 ——圣伯夫

258

他们之所以做得到，就因为他们认为他们能够
做到。

——维吉尔

可持续竞争的唯一优势来自超过竞争对手的创新
能力。

——詹姆斯·莫尔斯

认识到一个错误给我带来的快乐经常大于错误本
身带给我的烦恼。

——利希滕贝格

人若是太幸运，则不知天高地厚，也不知自己能
力究竟有多少；若是太不幸，则终其一生皆默默
无名。

——托·富勒

大量的才能失落在尘世间，只因为缺少一点儿
勇气。

——西德尼·史密斯

使凡人眼花缭乱的天才，其实就是经过掩饰的坚
韧品格。

——亨·奥斯汀

有才能的人只在自己的幻想的世界里生活和爱。

——契诃夫

对于一个能力强劲的人来说，无事不能为。

——海伍德

我不太喜欢多样性，或者说根本就不相信多样
性。那些独特的、美的和伟大的东西，都必定是
单一的。

——巴托尔蒂

品行篇

学着主宰自己的生活，没有了爱人，你也有能力　——三毛
一个人过活。

想成材的人，往往喜欢赶时髦；赶时髦的人，往　——汪国真
往并不能成材。

对于一个已经成材的人，最容易把他毁掉的不是　——汪国真
别人，而是他自己。

才能

你兴致所在的地方，也便是你能力所在的地方。 ——卡耐基

对于天才的作品，那些平庸的人总是会说：如果
是我的话，会做得更好。 ——艾欣巴赫

伟大的头脑谈论理念，中等的头脑谈论事件，渺
小的头脑谈论人际。 ——海曼·瑞克瓦

一个普通人，只能作出规规矩矩的东西，只有非
凡的天才才能驾驭创作。 ——雨果

智者创造新的思想，而愚人则把它们传播开来。 ——海涅

荣誉和财富，若没有聪明才智，是很不牢靠的
财产。 ——德谟克利特

有些大脑虽然已是一片真空，为什么没有崩溃？唯一的解释是，在它们的周围弥漫着精神的空虚。　——赫尔曼·西蒙

生之本质在于死，因此只有乐于生的人才能真正不感到死之苦恼。　——蒙田

所谓才能，不过是以正确方式所进行的连续不断的艰苦劳作。　——海明威

光有才能还不够，还需有遇到机会的才能。　——柏辽兹

与其说天才超越了时代一百年，不如说庸人落后了时代一百年。　——罗伯特·穆齐尔

炫耀于外表的才干徒然令人羡慕，而深藏未露的才干则能带来幸运。　——培根

一个伟大的天才从不以别人的方式去探索发现。　——利希滕贝格

太能干比无能更让人不以为然。　——彼德

在天才出现的地方，傻瓜们便结成了兄弟。　——斯威夫特

天才与忧郁相近。　——亚里士多德

所谓才能，是相信自己，相信自己的力量。　——高尔基

平凡的人使世界持久，而非凡的人则使世界具有 　　——王尔德
价值。

天才就是对某事具有强烈的兴趣和对某事顽强 　　——木村久一
入迷。

世界上没有天生的才气，才气必须经过磨炼。 　　——车尔尼雪夫斯基

世上也存在着表面的天才。 　　——格尔哈特·豪普特曼

才能的一部分在于勇气。 　　——布莱希特

理智是机械的精神，机智是化学的精神，天才是 　　——诺瓦利斯
有机的精神。

对所有事情都知道一点，远好于只知道一件事 　　——帕斯卡尔
情。而最好的莫过于博学多识。

如果我们想要才能，那么我们必须接受它带来的 　　——乔治·莫尔
种种不快，这是世人所无法做到的。想要成为天
才，却和一般人一样庸庸碌碌。

一个民族变得伟大，首先不在于那些伟大的任 　　——加塞特
务，而是在于一般民众的高度。

才能孕育于寂静，性格则由微不足道的事形成。 　　——歌德

品行篇

在现代化大城市里，人们都在你追我赶，但达到目的的却寥寥可数。

——格尔哈特·豪普特曼

准备了几个月的，几分钟就办完了事；在几秒钟内弄错的事情，整整一年都消除不了负面影响。

——斯滕·纳多尔尼

等待的人也许会得到，但他们所得到的只是奔忙的人剩下的。

——林肯

你必须尽可能飞快地奔跑，这样最起码能保持你现在的位置。

——列维斯·卡洛尔

大多数人都白花了时间，因为他们的思考都不彻底。

——海尔豪森

很多人在说"不"的时候都带有一种歉意。这种歉意缘于错误地认为别人的时间比自己的还要重要。

——迈克尔·勒·波伊夫

那些能够帮助他们的人，往往聚集在一个或少数几个地方。

——迈克尔·勒·波伊夫

只有那些什么事情都不做的人才有时间，因为他们把时间留下来了，没花在任何事情上。

——乔凡尼·瓜热什

创造力

好点子的身价是没有上限的，点子是所有财富的
起点。 ——拿破仑·希尔

对很多富有创造力的人来说，生活就是工作。 ——格鲁伯

想象力是把握事物可能性的心灵力量。 ——沃利斯·斯蒂文斯

对显而易见的东西进行分析是需要很特别的头
脑的。 ——艾弗雷德·怀特海

获得好主意的最好办法是想出许多主意。 ——里纳斯·鲍林

什么是创新？创新就是看到一样还没有被命名的
事物，尽管它就在所有人眼皮子底下。 ——尼采

使人乏味的不是缺少思想，而是缺少新思想。 ——让·保罗

创造难，模仿容易。 ——哥伦布

创造力的差别就是：一个好的工人能顶替两个糟糕的工人，一个好的软件设计师能顶替六个糟糕的软件设计师，一个好的高层经理人能顶替无数个糟糕的高层经理人。 ——沃特林豪斯

开始走第一步的人，也许他脚下穿的鞋子就是他最后穿的一双。 ——雨果

想象力比知识更重要。 ——爱因斯坦

创造力往往被人认为和疯狂有某种联系。创造力和疯狂一样令人害怕，因为它天生不可预测。 ——罗杰·彼得斯

人才进行工作，而天才进行创造。 ——舒曼

人可以老而益壮，也可以未老先衰，关键不在岁数，而在于创造力的大小。 ——卢尔卡尔斯基

受过大学教育的科学家只能看到书本上要他们看到的东西，这样他们就与自然的伟大秘密擦肩而过。 ——马修·约瑟夫森

在创造家的事业中，每一步都要三思而后行，而不是盲目地瞎碰。 ——米丘林

真正的发现不是发现新的大陆，而是用新的眼光看东西。　　——普鲁斯特

神从创造中找到他自己。　　——泰戈尔

70%的创新思想来自只占16%的创造性团队。　　——罗尔夫·贝尔特

如果你从肯定开始，必将以问题告终；如果从问题开始，则将以肯定结束。　　——培根

想象力丰富的人常为可能性而困惑。　　——汉斯·阿恩特

如果你并不拥有十足的创造力，丰富的想象力，对万事万物也没有太多的好奇和疑问，那么，我劝你最好离广告这行远一点。　　——李奥·贝纳

我觉得伟大创新家的秘密在于他们对生活的各个方面都很好奇。　　——李奥·贝纳

创新主要是能发现旧有事物看不到的联系。创新就是重新联系。　　——佛朗索瓦·雅各布

创新就是创造性地破坏。　　——熊彼特

要看一个想法好不好，就看它有没有被剽窃。　　——凯尔斯滕

品行篇

267

知道事物应该是什么样，说明你是聪明的人；知道事物实际是什么样，说明你是有经验的人；知道怎样使事物变得更好，说明你是有才能的人。

——狄德罗

专心观看能让你看到许多东西。

——约吉·贝拉

创新的一个前提是：不用了解很多东西，但能够把很多东西联系起来。

——威廉·布雷克

所有伟大的发明和著作都来自背离固有思想行为准则的自由意志。

——阿瑟·库斯特勒

同是不满于现状，但打破现状的手段却大不同：一是革新，一是复古。

——鲁迅

处处是创造之地，天天是创造之时，人人是创造之人。

——陶行知

创造新陆地的，不是那滚滚的波浪，却是它底下那细小的泥沙。

——冰心

人有多大的自由度，就可能有多大的想象力和创造力。

——陈祖芬

幸运

幸运大多数时候是灵敏、聪明、勤奋和坚持的总和。　　　　　　　——查尔斯·F.凯特林

我必须承认，幸运喜欢照顾勇敢的人。　　　　　　　——达·芬奇

命运能施加于人的最大厄运是：赋予他们微小的才干和巨大的野心。　　　　　　　——沃夫纳格

并不是最聪明的人才有好机遇，好机遇是幸运的礼物。　　　　　　　——莱辛

理智是幸运的主要部分。　　　　　　　——索福克勒斯

一个人幸运的造成，主要在于他自己。　　　　　　　——培根

当你因为另一个人更加幸运而感到痛苦时，你绝不会是幸运的。　　　　　　　——塞涅卡

承受厄运需要美德，承受幸运需要更高的美德。 ——拉罗什富科

走红运比遭厄运需要更伟大的品质。 ——拉罗什富科

也许存在一种偶然，但许多同样的偶然却不是偶然。 ——让·保罗

一个人，哪怕是最坚强、最有毅力的人，突然被
幸运狠狠地打了一棍，失去了知觉，这没有什么
可以奇怪的。 ——雨果

不论怎样不幸都会带来某种幸运。 ——贝多芬

一个有勃勃生机与广泛兴趣的人，可以战胜一切
不幸。 ——罗素

看上去是幸运的偶然的东西，通常都建立在理性
的分析和前后一致的行动上。 ——海蒂·格林

一个人在走红运的时候绝不会感到痛苦。 ——华莱士

最考验的人是一个最幸运的时刻。 ——华莱士

不幸可以提供意想不到的可能，使人认识生活。 ——亨利希·曼

一个人作为一个有名望的家庭的一员是一桩幸
运！同样，一个人血统里有一种鼓舞他向上的动
力，也是一桩幸运。 ——安徒生

妒忌是对别人幸运的一种烦恼。 ——芝诺

当一个人跌倒在地时，就会有人喊"打倒他"。 ——塞万提斯

偶然是一个无意义的词；任何东西都不可能没有 ——伏尔泰
原因而存在。

想到祸福无常，就不应因一时走运而得意忘形。 ——伊索

不要为突如其来的不幸而苦恼。因为不是与生俱 ——伊索
来的东西，留也留不住。

在幸运时不与人同享的，在灾难中不会是忠实的 ——伊索
友人。

华丽常常伴随着伟大，幸运更经常地来自简单。 ——威·沃森

幸运的背后总是靠自身的努力在支持着。但自己 ——罗曼·罗兰
松懈下来，幸运也就溜走了。

人生的道路是不平坦的，最幸运者很可能成为最 ——亚里士多德
不幸的人。

在不幸中，有用的朋友更为必要；在幸运中，高 ——亚里士多德
尚的朋友更为必要。在不幸中，寻找朋友出于必
需；在幸运中，寻找朋友出于高尚。

品行篇

成功有许多父亲。失败是一个孤儿。　　　　　——谚语

人生最高的奖赏和最大的幸运产生于某种执着的　——爱默生
追求，人们在追求中找到自己的工作与幸福。

不努力，永远不会知道幸运在何处。　　　　　——马克·吐温

一切不幸都是可以忍受的，天下没有逃不出的　　——屠格涅夫
逆境。

人的幸运不在于可见的财产的富足，而在于内在　——阿纳卡西斯
的不可见的思想的完美与丰富。

不幸者常常愿意同幸运者相比，抱怨自己的运　　——毕淑敏
气。幸运者常常不愿同不幸者相比，相信自己的
努力。

一个人幸运的前提，其实是他有能力改变自己。　——于丹